AF819052

Dépôt légal, Bibliothèque et Archives nationales du Québec, 2025.

Sommaire

Pourquoi ce document ?

Généralement, lorsque des développeurs, juniors principalement, font face à des difficultés dans l'écriture d'un code, ils accusent la plupart du temps « le langage de programmation ». Ils expriment généralement des « *frustrations* » à l'instar de :

- « C# est un langage trop complexe… »
- « Java est difficile à prendre en main… »

Mais après un échange avec ceux-ci, on se rend vite compte, **dans la plupart des cas**, que leur difficulté n'a « *absolument* » rien à voir avec le langage ou la technologie de programmation en soi. Il en ressort que ces derniers ont plutôt du mal avec la « logique » de codage à mettre en place. De plus, avec l'usage progressif des outils d'IA (Intelligence Artificielle) dans le développement, il devient de plus en plus primordial de bien comprendre les bases, comme l'algorithme, afin de faire meilleur usage de ces outils.

En effet, une chose est de savoir comment rédiger une boucle ou encore une structure conditionnelle dans un langage de programmation mais encore faut-il savoir quand l'utiliser. On comprend ainsi que le véritable « ***challenge*** » est de savoir dans quelle situation (face à quel problème ou besoin donné) utiliser les différents outils (boucle ou structure conditionnelle par exemple) mis à disposition. Tout comme dans un jeu, où les joueurs doivent maîtriser les règles et n'utiliser que les éléments qui s'inscrivent dans le cadre du jeu, toute personne désirant concevoir un algorithme se doit de connaître les règles et les divers outils qui encadrent la rédaction de l'algorithme.

Bien sûr, il existe des cas particuliers où une technologie dispose de pratiques permettant de mettre en place des concepts avancés. Il est donc primordial de savoir cerner la difficulté à laquelle on est confronté afin de pouvoir la surmonter au mieux. Donc **oui**, il faut étudier les différents concepts d'un langage de programmation mais aussi et surtout comprendre l'utilité derrière chacun d'eux.

C'est d'ailleurs ce qui justifie le fait que, lorsque nous embarquons dans le développement logiciel, notamment la programmation, l'une des premières leçons portent sur **les algorithmes**. En effet, l'apprentissage d'un langage de programmation en particulier vient seulement par la suite.

Dans ce document, nous allons non seulement présenter les principaux outils qui entrent dans la rédaction d'un algorithme, en mettant l'accent sur le rôle de chacun : « À quoi il sert ? Dans quelle situation en faire usage ? » mais aussi et surtout exposer pas à pas une approche décrivant « **comment aborder la rédaction d'un algorithme** » en illustrant nos propos avec quelques exemples.

Dans la pratique, les développeurs ne vont pas toujours, dans un premier temps, rédiger l'algorithme avant de le traduire dans le langage de programmation de leur choix, mais ils le visualiseront plutôt dans leur esprit avant de directement le coder dans le langage correspondant à leur besoin.

Chapitre 1

Présentation sommaire d'un algorithme

Avant de nous plonger dans le vif du sujet, nous allons définir brièvement ce qu'est un algorithme et ensuite énoncer ces représentations habituelles.

I- C'est quoi un algorithme ?

Un algorithme est une suite finie et non ambiguë d'instructions et d'opérations permettant de résoudre une classe de problèmes. Un algorithme est une méthode générale pour résoudre un type de problèmes. Il est dit *correct* lorsque, pour chaque instance du problème, il se termine en produisant la bonne sortie, c'est-à-dire qu'il résout le problème posé. [1]

Nous dirons simplement que c'est une suite d'instructions permettant la résolution d'un problème précis (ou d'un sous-problème résultant de la division logique d'un problème plus grand). Il est généralement voué à être retranscrit dans un langage de programmation.

Nous n'allons pas nous attarder sur les origines de l'algorithme, le but ici étant fondamentalement de permettre à tout lecteur d'être mieux outiller dans la rédaction d'un algorithme.

II- Représentation d'un algorithme

Il existe notamment 02 façons de représenter un algorithme :

- **Par un graphe (*algorigramme* [2])** : il s'agit d'élaborer un graphe à partir de symboles particuliers reliés les uns aux autres à l'aide notamment de flèches indiquant le sens de lecture. Ces symboles contiennent du texte indicatif pour permettre la compréhension de l'ensemble.

- **Par un code** : ici, il est question de rédiger un ensemble d'instructions sous forme de texte suivant un code connu et commun. Une instruction étant une ligne de code qui indiquera à l'ordinateur une action précise à réaliser.

Ce document va uniquement s'intéresser à l'algorithme matérialisé sous la forme d'un code. Néanmoins, la méthodologie proposée s'applique dans les deux (02) formes.

Après avoir défini un algorithme et rappelé ces deux (02) représentations habituelles, nous allons dévoiler notre approche de rédaction dans le prochain chapitre.

Chapitre 2

Processus de rédaction d'un algorithme

Après avoir défini l'algorithme dans le précédent chapitre et présenté ces représentations possibles. Nous allons maintenant vous exposer une approche de rédaction d'un algorithme.

L'algorithme est un langage qui a son propre code. Nous proposons ici une méthodologie permettant la rédaction d'un algorithme en quatre (04) étapes :

Étape 1 : Comprendre le problème soulevé

Étape 2 : Résoudre le problème soulevé

Étape 3 : Transcrire la résolution du problème en algorithme

Étape 4 : Réaliser la trace de l'algorithme

I- Étape 1 : Comprendre le problème soulevé

Il faut dans un premier temps prendre la peine de bien lire l'énoncé ou alors de bien comprendre le problème ou alors le processus dont on souhaite rédiger l'algorithme.

S'il s'agit d'un énoncé, il faut le lire attentivement, à plusieurs reprises si nécessaire, afin de comprendre quelles sont les attentes et parfois de déduire quelles sont les étapes à implémenter.

En revanche, s'il s'agit d'un besoin qui n'a pas été explicitement formulé, il faudra tout d'abord poser les questions adéquates (recueil des besoins) dans le but de le formuler clairement. Afin de limiter les cas d'erreurs, il faut toujours valider le besoin ainsi formulé auprès des personnes cibles (idéalement les personnes qui utiliseront l'application) et ne surtout pas hésiter à reformuler leurs propos afin de maximiser la compréhension des différents points.

II- Étape 2 : Résoudre le problème soulevé

Une fois que le besoin est clairement formulé, il faut donc passer à la résolution de celui-ci : « **Comment résoudre le problème posé ?** ».

En effet, nul ne pourrait, par exemple, écrire l'algorithme qui permet de résoudre une équation de second degré sans au préalable connaître le principe de résolution d'une équation de second degré : « **quelles sont les étapes à suivre ?** ». Dans cet exemple, l'algorithme met en avant des compétences en mathématiques.

Vous l'aurez certainement compris, généralement, le plus difficile dans l'écriture de l'algorithme est la connaissance du "**métier**" concerné. Dans l'exemple précédent, « **les mathématiques** » représentent le métier traité. Et le problème consiste à savoir **comment résoudre une équation de second degré**.

NB : C'est à cette étape, qu'il faut s'interroger sur une éventuelle subdivision du problème, dans le but de faciliter sa résolution.

Il est donc primordial de bien définir les étapes afin de garantir l'efficacité de votre algorithme. Pour le moment, nous ne nous attardons pas sur la **performance**, mais sachez que c'est un point important dans la rédaction des algorithmes ; on parle généralement de « **complexité** ». En effet, deux (02) algorithmes peuvent avoir le même but, cependant l'un d'eux (dit *optimisé*) permettra une exécution plus rapide qui fera couramment appel à moins de ressources. Un autre aspect pris en compte par les plus expérimentés, qui ne sera également pas développé dans cet ouvrage, est la mise en place d'une logique facilement maintenable.

III- Étape 3 : Transcrire la résolution du problème en algorithme

Une fois que vous savez comment résoudre le problème, notamment les différentes étapes à intégrer, vous pouvez maintenant les transcrire en algorithme. Pour le faire, vous devez vous servir des « **outils de l'algorithme** », dont voici les plus basiques :

- **Les variables** : elles permettent de stocker des informations d'un type bien précis et sont identifiables avec un nom spécifique.

- **Les constantes** : elles sont similaires aux variables. Une valeur leur est impérativement assignée à leur déclaration. Et contrairement aux variables, elles ne peuvent pas changer de valeur tout le long de l'exécution de l'algorithme.
- **La fonction d'écriture (écrire / afficher)** : elle permet d'afficher un message sur l'écran qui sera visible par l'utilisateur.
- **La fonction de lecture (lire / saisir)** : elle permet de récupérer l'information saisie par l'utilisateur et de la stocker dans une variable.
- **Les opérateurs** : ce sont des symboles jouant un rôle précis. Nous pouvons les regrouper en quatre (04) groupes : opérateurs d'affectation, opérateurs arithmétiques, opérateurs de comparaison et enfin les opérateurs logiques [3].
- **Les structures conditionnelles** : il s'agit ici de blocs de code s'exécutant intégralement ou partiellement suivant des conditions établies.
- **Les structures itératives (boucles)** : il s'agit de blocs de code pouvant s'exécuter plusieurs fois ; généralement, autant de fois qu'une certaine condition est respectée.
- D'autres outils existent. Nous en présenterons quelques-uns au chapitre 5 intitulé : « **Autres outils supplémentaires** ».

⚠ <u>**Attention**</u> : Parmi les outils (notions) présentés dans ce document, il est possible que quelques-uns diffèrent selon votre source (cours, article, ...). Le plus important est que vous ayez un « code » (syntaxe d'écriture et règles) commun et compréhensible dans votre équipe. Selon le langage de programmation que vous utiliserez pour implémenter votre algorithme, vous exploiterez les syntaxes et les particularités propres à celui-ci. Le but primordial ici est de partager avec vous, à travers ce document, une démarche d'implémentation d'un programme à travers la rédaction d'un algorithme.

<u>Exemple</u> : L'outil de comparaison « différent de » peut être représenté en algorithme sous les trois (03) formes suivantes : ≠, <>, !=. En revanche, il a une représentation précise dans chacun des langages de programmation.

IV- Étape 4 : Réaliser la trace de l'algorithme

Cette étape permet de vérifier le bon fonctionnement du code. En effet, il est possible de simuler l'exécution d'un programme conçu à base d'un algorithme. Il est recommandé de réaliser cette étape à l'aide de notes. Mais selon le niveau de complexité de l'algorithme, il est tout à fait concevable de se contenter d'un simple visuel mental.

Bon à savoir : Il existe des applications permettant d'écrire et de tester les algorithmes à l'instar d'AlgoBox [4]. Cependant, ce document a pour but de vous familiariser à la rédaction d'algorithmes sans faire usage d'un quelconque logiciel.

Il est question, à cette étape, de reproduire le comportement d'un ordinateur lors de l'exécution d'un programme, de l'allocation mémoire pour les variables, jusqu'à l'affichage d'informations sur l'écran en passant par la vérification des conditions et tout autre traitement.

Il faut parcourir le code de bout en bout, une instruction à la fois, tout en *caricaturant* le comportement de la machine. Pour une application console, par exemple, vous devez être à mesure d'afficher tout ce qui devrait apparaître à l'écran, aussi bien les saisies utilisateurs que les saisies machines.

Vous serez alors à mesure de détecter des dysfonctionnements éventuels, et ainsi d'appliquer les corrections nécessaires. Vous pourrez répéter cet exercice jusqu'à obtenir le comportement désiré.

NB : Cette étape s'apparente au débogage dans le cas d'un programme informatique dans un environnement de programmation.

Nous avons décrit dans ce chapitre les quatre (04) étapes que nous proposons dans le processus de rédaction d'un algorithme. Le prochain chapitre va survoler les outils de base qui constituent un algorithme avec l'illustration des syntaxes et des exemples à l'appui.

Chapitre 3

Les outils fondamentaux en algorithme

Nous avons dévoilé notre proposition de méthodologie de rédaction d'un algorithme dans le précédent chapitre. Dans celui-ci, nous présentons les outils de base nécessaires dans la rédaction des algorithmes. Nous n'abordons pas encore ici les outils avancés et complexes ; néanmoins ceux-ci peuvent déjà vous permettre de rédiger des algorithmes traitant de sujets plus ou moins complexes.

Information : Il est possible d'utiliser « ; » à la fin de chacune des instructions de l'algorithme. Dans la pratique, vous trouverez des algorithmes dont les instructions ne se terminent pas par « ; ». Dans le but de mettre en avant cette flexibilité, nous userons des deux (02) pratiques dans nos syntaxes et exemples qui vont suivre. En d'autres termes, parfois nous utiliserons « ; » en fin d'instruction et parfois non, sans toutefois les combiner dans un même algorithme. En effet, un algorithme ne devrait pas combiner les deux (02) approches, vous devrez choisir celle avec laquelle vous êtes le plus à l'aise ou celle qui vous aura été indiquée.

I- Les variables

Elles permettent de stocker des informations d'un type bien précis et sont identifiables avec un nom spécifique. Elles pourront ainsi être manipulées afin de contribuer à résoudre le problème traité par l'algorithme. Néanmoins, dans certains langages de programmation, une variable peut stocker des valeurs de types différents.

Elles servent notamment à récupérer les informations saisies par l'utilisateur ou encore à stocker le résultat des opérations (Ex : une somme), contribuant ainsi par exemple à afficher un message dynamique à l'utilisateur.

Elles peuvent contenir des valeurs différentes tout le long de l'exécution du programme. Mais, elles ne peuvent pas avoir plus d'une valeur à la fois. En d'autres termes, elles ne peuvent avoir qu'une seule valeur à un instant **t** durant l'exécution du programme.

Les variables peuvent simplement être représentées comme des conteneurs, accessibles via un nom, pouvant contenir des valeurs :

« Nom de la variable »

« Valeur de la variable »

1- Règles de nommage des variables

Les noms des variables sont sujets à des contraintes, notamment pour vous habituer aux contraintes propres à chaque langage de programmation. Nous pouvons citer entre autres :

- Ne pas être un mot clé du langage algorithmique : Algorithme, début, fin, si, pour…
- Ne pas commencer par un chiffre.
- Ne pas comporter des caractères spéciaux : ponctuation, espace, accent, devise… **Exemples** : -, +, &, #, ?, @, %, *, =, ;, /, [, {.

NB : Cette liste n'est pas exhaustive et vous pouvez voir des différences selon les auteurs et/ou les organisations. Mais plusieurs d'entre-elles visent à vous préparer aux contraintes des langages de programmation.

Voici en plus quelques bonnes pratiques que vous pouvez également respecter :

- Utiliser des noms significatifs : en effet, le nom d'une variable doit clairement donner des indications sur son utilité. Par exemple, une variable chargée de stocker le résultat d'une somme devrait s'intituler : **somme** ou **sum** (selon que vous écrivez en français ou en anglais).
- Éviter d'utiliser des noms identiques ne variant que sur la casse (majuscule ou minuscule) pour deux variables distinctes. **Exemple** : Somme vs somme vs SOMME.
- Respecter la casse : sachant que la rédaction de l'algorithme précède l'écriture d'un code dans un langage de programmation, il vaut mieux respecter la casse. Ainsi, peu importe si le langage gère ou non la casse, vous aurez déjà le bon réflexe. Autrement dit, si vous nommez une variable « ***S***omme », vous ne pouvez pas l'utiliser par la suite en écrivant « **s**omme ».

2- Syntaxe de déclaration d'une variable

Variables :

{identificateur de la variable 1} : {type de la variable 1}
{identificateur de la variable 2} : {type de la variable 2}
{identificateur de la variable n} : {type de la variable n}

<u>Remarques</u> :

R1- Il est possible d'écrire simplement « **var** » au niveau de la syntaxe.

R2- Il est possible de déclarer plusieurs variables de même type dans une seule instruction.

{identificateur de la variable 1}, {identificateur de la variable 2}, … : {type des variables}

3- Exemples de déclaration de variables

Variables **:**

somme : entier
consommation : réel
titre livre, auteur livre : chaîne

Var **:**

age : entier
taille, poids : réel
actif : booléen

II- Les constantes

Elles sont similaires aux variables. Cependant, une valeur leur est impérativement assignée à leur déclaration (sans précision du type, qui est automatiquement déduit de la valeur attribuée). Contrairement aux variables, elles conservent la même valeur tout le long de l'exécution du programme. En d'autres termes, il n'est pas possible de modifier la valeur d'une constante dans le programme.

Les constantes sont donc appropriées pour des éléments ayant des valeurs fixes et/ou standards. **<u>Exemple</u>** : le nombre PI, le nombre de jours dans une semaine ou encore le nombre de mois dans une année.

Elles respectent les mêmes **règles de nomenclature** que celles des variables.

1- Syntaxe de déclaration d'une constante

```
Constantes :
        {identificateur de la constante 1} = {valeur de la constante 1}
        {identificateur de la constante 2} = {valeur de la constante 2}
        {identificateur de la constante n} = {valeur de la constante n}
```

NB : Il est possible d'écrire simplement « **const** » au niveau de la syntaxe.

2- Exemples de déclaration d'une constante

```
Constantes :
        PI = 3.14
        Nbre_Jours_Semaine = 7
```

```
Const :
        AgeMin = 18
        Nbre_Mois_Annee = 12
```

III- Les types

Ils permettent d'identifier les éléments (variables, constantes, et fonctions), appartenant à la même catégorie. Cela permet non seulement à la machine de savoir quel espace allouer pour l'élément en question, mais aussi de déterminer les types de traitement qu'il peut subir.

L'algorithme compte généralement cinq (05) types de base, à savoir :

- Entier
- Réel
- Caractère
- Chaîne (de caractères)
- Booléen

1- Les entiers

Il s'agit des éléments de type numérique non flottants (pas de valeur décimale) et non signés (pas de valeur négative), notamment les chiffres et nombres de l'ensemble $\mathbb{N}$ en mathématiques. Ils sont donc sujets à des opérations mathématiques, des comparaisons, ou encore l'affichage à l'écran comme tous les autres types d'ailleurs (qui subissent généralement une conversion implicite en chaîne de caractères).

Exemples : 30, 9, 5, 2023, 0, 1 289 562.

2- Les réels

Il s'agit des éléments de type numérique flottants et signés, notamment les chiffres et nombres de l'ensemble $\mathbb{R}$ en mathématiques. Ils sont donc sujets à des opérations mathématiques, des comparaisons, ou encore l'affichage à l'écran.

Exemples : -16 550, 392 023, -9.86, 512 569.352, -100 289 562.

3- Les caractères

Il s'agit des éléments non numériques englobant les éléments de l'alphabet, les symboles, les chiffres, les ponctuations et même les caractères spéciaux. Ils peuvent faire l'objet de comparaisons et de l'affichage à l'écran. Ils sont généralement matérialisés avec de simples cotes autour d'eux.

Exemples : 'a', '£', '7', '.', '@'.

4- Les chaînes (de caractères)

Il s'agit d'un type très vaste permettant de contenir une lettre, un mot, un groupe de mots ou encore les autres types à la suite d'une conversion (« *cast* ») généralement implicite. Elles sont surtout dédiées à l'affichage (à l'écran) mais peuvent faire l'objet de plusieurs autres manipulations dans les langages de programmation notamment : mise en majuscule, mise en minuscule, comparaison, récupération d'une partie (*troncage*) et bien d'autres. L'une des opérations courantes en algorithme est la concaténation, permettant de regrouper plusieurs chaînes en une seule. Les chaînes de caractères sont généralement matérialisées avec des doubles apostrophes autour d'elles.

Exemples : "A", "Bonjour", "Bonjour le monde !", "-15", "1993", "-".

5- Les booléens

Il s'agit d'un type comportant exclusivement deux (02) valeurs : « **vrai** » et « **faux** ». Ils interviennent habituellement au niveau des conditions au travers une structure conditionnelle ou itérative.

IV- Fonction d'écriture et fonction de lecture

Il s'agit des deux (02) fonctions de base en algorithme. Elles permettent notamment de garantir l'interaction entre l'application (console notamment : sans composants visuels tels que les boutons ou encore les images, juste du texte) et tout utilisateur exécutant le programme. Dans les applications console, qui se substituent généralement aux algorithmes, les échanges se déroulent de manière similaire à une discussion instantanée entre l'utilisateur et le système. Les messages du système sont simplement préalablement définis afin de fournir des réponses spécifiques suivant les entrées de l'utilisateur.

```
**** Bienvenu(e) dans notre application de racine carrée ****
Veuillez entrer un nombre entier :
9
```

1- La fonction d'écriture

Cette fonction permet d'afficher un message sur l'écran qui sera visible par l'utilisateur. Elle est généralement utilisée pour l'un des cas suivants :

- Demander une information à l'utilisateur
- Afficher une information à l'utilisateur

Dans le second cas, le message affiché est constamment la résultante d'une combinaison entre plusieurs éléments (chaines de caractères, variables et expressions : une somme par exemple), rattachés les uns aux autres à l'aide d'une virgule (,) intervenant ici comme *opérateur de concaténation* (qui joint les éléments afin de former une chaîne de caractères unique).

Il existe notamment deux (02) fonctions connues pour jouer ce rôle :

- Afficher
- Écrire

Information : La plupart des ouvrages présenteront l'une ou l'autre de ces fonctions. Une fois de plus, ce qui compte ici est d'avoir des codes connus et communs (dans le cadre d'un travail d'équipe par exemple).

a- Syntaxe d'utilisation de la fonction d'écriture

<u>Syntaxe 1</u> :

Afficher ("{Le message à afficher de type chaîne de caractères}") ;

<u>Syntaxe 2</u> :

Écrire ("{Le message à afficher de type chaîne de caractères}") ;

<u>NB</u> : « **Le message à afficher de type chaîne de caractères** » pourrait être la concaténation de plusieurs éléments à l'aide de l'opérateur de concaténation : « **,** ».

b- Exemple d'utilisation de la fonction d'écriture

- <u>Cas 1</u> : Affichage d'un simple message

<u>Exemple avec la syntaxe 1</u> :

Afficher("Bienvenu(e) dans notre application !") ;

<u>Exemple avec la syntaxe 2</u> :

Écrire("*** Application de suivi du budget annuel ***") ;

- <u>Cas 2</u> : Affichage d'un message dynamique

Nous allons supposer que la variable « consommation » a été déclarée plus tôt :

<u>Exemple avec la syntaxe 1</u> :

Afficher("La quantité consommée est de : ", consommation, " litres.") ;

<u>Exemple avec la syntaxe 2</u> :

Écrire("La quantité consommée est de : ", consommation, " litres.") ;

Information : En supposant que la variable « **consommation** » ait par exemple la valeur « **8** » lors de l'exécution du code de ces exemples identiques, l'écran devrait afficher ceci :

```
La quantité consommée est de : 8 litres.
```

2- La fonction de lecture

Elle permet de récupérer l'information saisie par l'utilisateur et de la stocker dans une variable. Elle est exclusivement utilisée afin de récupérer une information à l'utilisateur. Il existe notamment deux (02) fonctions connues permettant de jouer ce rôle :

- Saisir
- Lire

Information : La plupart des ouvrages présenteront uniquement l'une de ces fonctions. Une fois de plus, ce qui compte ici est d'avoir des codes connus et communs (dans le cadre d'un travail d'équipe par exemple).

a- Syntaxe d'utilisation de la fonction de lecture

Syntaxe 1 :

```
Saisir ({Le nom de la variable dans laquelle l'information saisie sera stockée}) ;
```

Syntaxe 2 :

```
Lire ({Le nom de la variable dans laquelle l'information saisie sera stockée}) ;
```

b- Exemple d'utilisation de la fonction de lecture

Nous allons supposer que la variable « consommation » a été déclarée plus tôt :

Exemple avec la syntaxe 1 :

```
Saisir (consommation) ;
```

Exemple avec la syntaxe 2 :

```
Lire (consommation) ;
```

V- Les opérateurs

Ce sont des symboles permettant de réaliser une opération précise. Nous pouvons notamment les classer en quatre groupes, à savoir [3]:

1- Les opérateurs d'affectation

Ce groupe comporte un seul élément : ←. Il permet d'attribuer une valeur spécifique à une variable. La valeur assignée peut être :

- une autre variable : Exemple : A ← R,
- le résultat d'une opération: Exemple : A ← K x 2,
- ou directement une expression constante : Exemple : A ← 93

2- Les opérateurs arithmétiques

Cette catégorie regroupe les opérateurs permettant de réaliser des opérations mathématiques. Il s'agit de :

- - : soustraction. Exemple : A - R,
- **+** : addition. Exemple : A + 9,
- **/** : division. Exemple : K / R,
- **×** : multiplication. Exemple : 2 × K,
- **%** ou **mod** : modulo (reste d'une division). Exemples : A % L ou E mod X,
- **Div** : division entière. Exemple : R Div 3,
- **^** : puissance. Exemple : 7^M,

NB : L'ordre de priorité établit en mathématiques s'applique également ici.

3- Les opérateurs de comparaison

Il s'agit ici des symboles permettant de réaliser des comparaisons entre deux éléments. Ces opérations retournent une valeur booléenne : **vrai** ou **faux**. Nous pouvons énumérer :

- **=** : égal à. Exemple : K = 9
- **<** : strictement inférieur à. Exemple : B < 2
- **≤** : inférieur ou égal à. Exemple : N ≤ G

- **>** : strictement supérieur à. Exemple : A > 93
- **≥** : supérieur ou égal à. Exemple : 2 ≥ R
- **≠** : différent de. Exemple : K ≠ 2

4- Les opérateurs logiques

Les éléments qui composent ce groupe sont exploités dans le cadre d'une condition afin de combiner plusieurs critères, à savoir :

- **ou** : l'un des critères doit être vérifié (vrai).
- **et** : les deux critères doivent être vérifiés (vrai).

NB : Les parenthèses peuvent être utilisées afin de délimiter des groupes d'expressions dans une condition complexe.

VI- Les structures conditionnelles

Il s'agit d'un outil assez fréquent dans le monde de la programmation. En effet, les structures conditionnelles permettent de définir des circonstances dans lesquelles une ou plusieurs instructions doivent s'exécuter. Il en existe notamment deux (02) :

- Si…Sinon…Fin Si
- Selon…Fin Selon

NB : Dans la plupart des langages de programmation, il existe l'opérateur ternaire (**?**) qui permet de simplifier la structure « Si…Sinon…Fin Si ».

1- La structure « Si...Sinon...Fin si »

Cette structure, couramment appelée structure « Si », fonctionne exactement comme dans le langage commun de tous les jours. Elle permet simplement de définir des critères devant être respectés afin qu'un certain nombre d'opérations s'exécutent. En d'autres termes, elle permet d'exécuter une série d'instructions si une condition est vérifiée (vrai). La condition est tout simplement une expression de type **booléen** (*vrai* ou *faux*).

Cet outil offre la flexibilité de définir dans le même bloc des instructions alternatives : des opérations à exécuter au cas où la condition n'est pas observée (faux). Il est également possible d'intégrer plusieurs critères dans une condition unique à l'aide d'opérateurs logiques (mentionnés dans la section précédente).

NB : Il est tout à fait possible d'intégrer une structure conditionnelle à l'intérieur d'une autre.

a- Cas concret

Cette structure peut se refléter sur plusieurs règles qui nous entourent. Nous allons prendre un exemple assez commun. Lorsqu'on croise sur la chaussée des feux de signalisation dotés de deux couleurs suivantes : ***vert*** et ***rouge***, alors :

- **si** le feu est *vert* **alors** on peut circuler (***scénario A***),
- **sinon** on doit s'arrêter (***scénario B***).

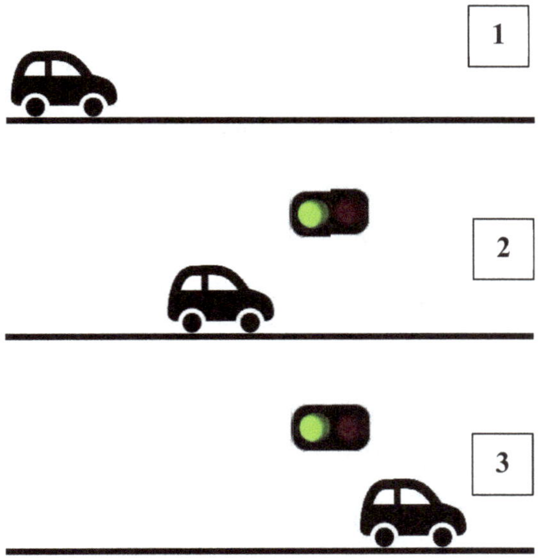

Scénario A

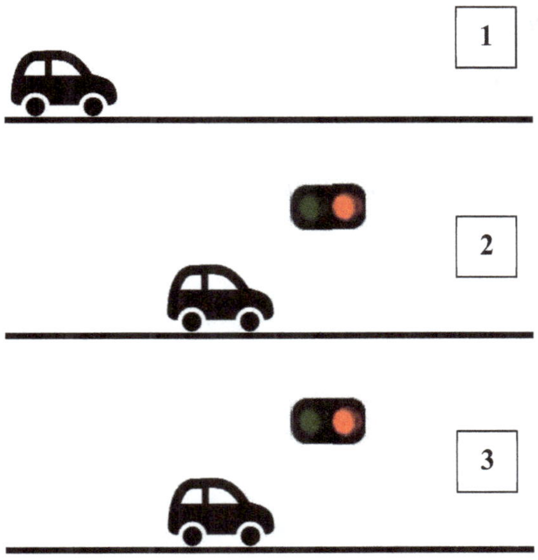

Scénario B

b- Syntaxe de la structure « Si »

- Syntaxe générale

Si {*condition}* alors
    {Bloc d'instructions}
[Sinon
    {Bloc d'instructions alternatif}]
Fin Si

- **Cas 1 : Structure simple**

Si *condition* alors
    Bloc d'instructions
Fin Si

- **Cas 2 : Structure avec bloc(s) alternatif(s)**

Si *condition* alors
    Bloc d'instructions
Sinon
    Bloc d'instructions alternatif
Fin Si

Si *condition a* alors
    Bloc d'instructions
Sinon Si *condition b* alors
    Bloc d'instructions alternatif b
[Sinon Si *condition c* alors
    Bloc d'instructions alternatif c]
...
[Sinon
    Bloc d'instructions alternatif]
Fin Si

c- Exemple de code avec la structure « Si »

- **Cas 1 : Structure simple**

```
Si (profit > 0) alors
    Écrire ("Nous avons réalisé un bénéfice !");
Fin Si
```

- **Cas 2 : Structure avec bloc(s) alternatif(s)**

```
Si (profit > 0) alors
        Écrire ("Nous avons réalisé un bénéfice !");
Sinon
        Écrire ("Nous n'avons pas réalisé de bénéfice !");
Fin Si

Si (profit = 0) alors
        Écrire ("Nous n'avons réalisé ni bénéfice, ni perte !") ;
Sinon Si (profit > 0) alors
        Écrire ("Nous avons réalisé un bénéfice !") ;
Sinon
        Écrire ("Nous avons réalisé une perte !") ;
Fin Si
```

- **Autre cas : Combinaison de deux (02) structures**

```
Si (profit = 0) alors
        Écrire ("Nous n'avons réalisé ni bénéfice, ni perte !") ;
Sinon Si (profit > 0) alors
        Écrire ("Nous avons réalisé un bénéfice !") ;
        Si (profit > ProfitRecord) alors
                Écrire ("Nous avons réalisé un profit record !") ;
        Sinon
                Écrire ("Nous n'avons pas réalisé un profit record
        !") ;
        Fin Si
Sinon
        Écrire ("Nous avons réalisé une perte !") ;
Fin Si
```

2- La structure « Selon »

En alternative à la structure « **Si** », il existe la structure « **Selon** ». Cette dernière est recommandée pour les situations où il existe des scénarios pour des cas spécifiques et non pour un ensemble de cas possibles, tout en offrant la possibilité de définir un comportement par défaut.

Par exemple, si nous voulons définir des instructions particulières lorsqu'une variable ***x*** a une valeur précise (Exemple : ***x* = 0**, où le seul élément applicable est la valeur ***0***) et non pas qu'elle respecte une certaine condition **c** vérifiable par plusieurs éléments différents (Exemple : ***x* > 0**, où tout entier strictement positif respecte la condition **c**).

Nous pouvons également la qualifier de « **structure à choix multiples** » car les options sont bien connues et donc définissables à l'avance. Et comme mentionné précédemment, il est tout à fait possible de définir un comportement par défaut dans le cas où aucun des choix définis n'est applicable.

a- Cas concret

Cette structure vient substituer la structure « Si…Fin si », en particulier dans les cas de choix multiples. En effet, selon des valeurs précises d'un paramètre p, des instructions précises doivent s'exécuter. Pour illustrer cela, nous allons prendre le cas du statut matrimonial. En effet, lorsqu'il est demandé de fournir des pièces justificatives, selon son statut matrimonial, les documents à présenter ne sont pas les mêmes ; seuls les célibataires n'ont parfois rien à fournir :

- Célibataire : Aucun document ou certificat de célibat (dans certains cas)
- Marié(e) : Acte de mariage
- Séparé(e) : Acte de mariage et jugement de séparation
- Divorcé(e) : Acte de mariage et certificat de divorce
- Veuf(ve) : Acte de mariage et certificat de décès

Célibataire :
- Aucun ou certificat de célibat

Marié(e) :
- Acte de mariage

Séparé(e) :
- Acte de mariage
- Jugement de séparation

Divorcé(e) :
- Acte de mariage
- Certificat de divorce

Veuf(ve) :
- Acte de mariage
- Certificat de décès

b- Syntaxe de la structure « Selon »

```
Selon ({variable}) faire
        Cas {constante 1} :
                {Bloc d'instructions 1}
        [Cas {constante 2} :
                {Bloc d'instructions 2}]
        …
        [Cas {constante n} :
                {Bloc d'instructions n}]
        [Sinon :
                {Bloc d'instructions par défaut}]
Fin Selon
```

où **constante 1**, **constante 2** et **constante n** ont toutes le même type que celui de **variable**.

c- Exemple de code avec la structure « Selon »

```
Selon (codeLangue) faire
        Cas "fr" :
                Écrire ("Langue française.") ;
        Cas "en" :
                Écrire ("Langue anglaise.") ;
        Sinon :
                Écrire ("Autre langue.") ;
Fin Selon
```

VII- Les structures itératives

En supplément aux structures conditionnelles, il existe les structures itératives. Aussi appelées « **boucles** », ces structures permettent de définir une ou un ensemble d'instructions pouvant se répéter plusieurs fois, généralement aussi longtemps qu'une condition définie est respectée.

1- La structure « Pour…Fin pour »

Cette boucle convient pour les cas d'itérations dont on connaît à l'avance le nombre d'occurrences. Imaginez que vous devez par exemple, remplir un grand seau de *50L* en vous rendant à la source d'eau avec un plus petit de *10L*. Vous savez à l'avance que vous aurez besoin de faire ***05*** aller-retours, en effet « **50L ÷ 10L = 5** ». Ou alors que vous souhaitez vider une bouteille (vin ou jus) de *100cl* avec des verres de *25cl*, vous saurez à l'avance que vous aurez besoin de ***04*** verres (**100cl ÷ 25cl = 4**), en supposant que vous remplissiez totalement chacun des verres.

Ou un dernier cas plus commun, le nombre de pas pour gravir un étage connaissant le nombre de marches de l'escalier, avec un élément essentiel à définir : le nombre de marches à franchir par pas (1, 2 ou plus).

Cette structure se compose notamment d'un **point de départ**, d'un **point d'arrivée** et enfin du **pas d'avancement** *(élément optionnel avec 01 comme valeur par défaut)*. En effet, si nous reprenons le dernier exemple sur les marches, le nombre de pas à réaliser afin de gravir 10 marches est fonction du *nombre de marches gravies par pas*. Si *01* marche est gravie à la fois, *10* pas seront nécessaires. En revanche, si *02* marches sont gravies à la fois, il suffira juste de *05* pas : « **10 marches ÷ 02 marches / pas = 05 pas** ».

a- Cas concret

Dans le premier paragraphe de la section précédente, une illustration réaliste de l'usage de la structure « Pour…Fin pour » a été faite : remplir un grand seau vide de 50L à l'aide d'un seau de 10L. Voici une représentation plus explicite, à l'aide d'images. Nous présentons tout d'abord une légende, puis les étapes qui sont identifiables par un numéro (rang) en dessous.

<u>Légende</u> :

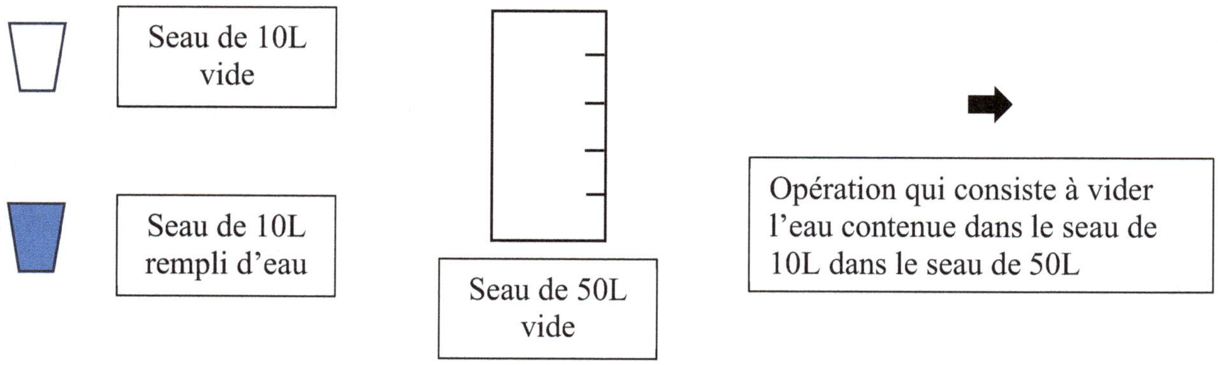

Processus :

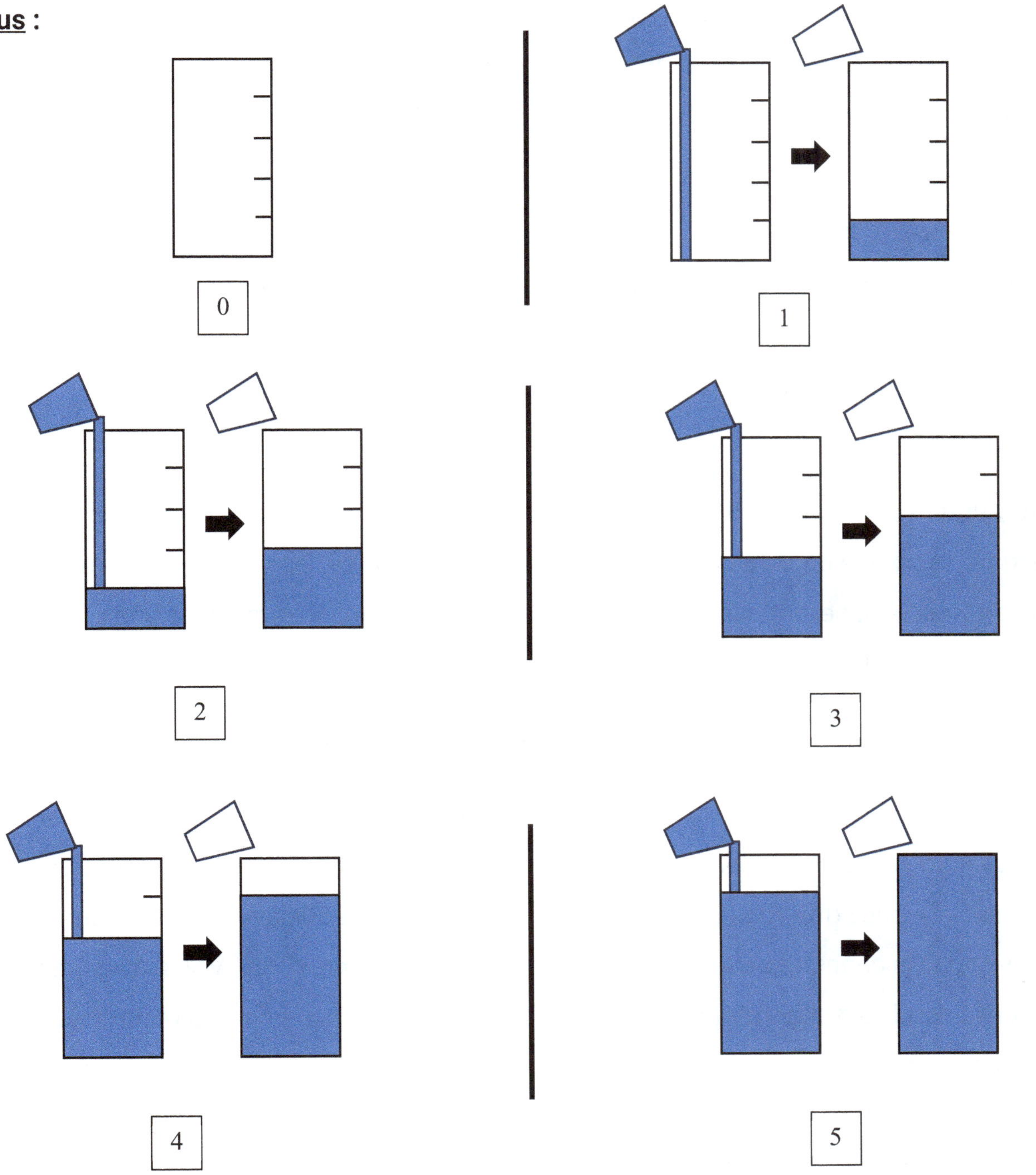

Nous pouvons clairement observer que le fait de verser le contenu du seau de 10L dans celui de 50L à **cinq (05) reprises** a permis de remplir complètement le seau de 50L comme prévu.

b- Syntaxe de la structure « Pour »

Pour {variable} allant de {valeur de départ} à {valeur finale} [pas de {valeur du pas d'avancement}]

    {Bloc d'instructions}

Fin Pour

c- Exemple de code avec la structure « Pour »

- **Avec pas d'avancement par défaut : Table de multiplication par 2**

```
Pour i allant de 0 à 10
        Écrire ("2 × ", i, " = ", 2×i) ;
Fin Pour
```

- **Avec précision d'un pas d'avancement : Les nombres pairs inférieurs à 20**

```
Pour i allant de 2 à 20 pas de 2
        Écrire (i, " est un nombre pair.");
Fin Pour
```

⚠ **Attention** : Si la valeur finale est inférieure à la valeur initiale, alors lors de l'exécution du programme, la boucle ne sera pas exécutée. En d'autres termes, les instructions contenues dans la structure « **Pour** » ne seront pas exécutées et l'exécution se poursuivra directement sur l'instruction qui vient à la suite de la structure itérative.

2- Tant que…Fin tant que

À l'inverse de la boucle « **Pour** », celle-ci convient pour les cas d'itérations dont on ne connaît pas à l'avance le nombre d'occurrences. Toujours en s'inspirant des exemples de la section précédente, imaginez que vous devez remplir un grand seau de *50L* avec un plus petit, dont vous ne connaissez pas la capacité cette-fois, en vous rendant à la source d'eau. Vous ne saurez déterminer à l'avance le nombre d'aller-retours à réaliser, vous allez tout simplement faire un nouveau tour tant que le grand seau ne sera pas plein. Chaque fois que vous verserez de l'eau dans le grand seau, vous devrez constater sa nouvelle contenance qui vous permettra de répondre à la question : « *Y'a-t-il encore de l'espace dans le seau de 50L ?* » (*la condition d'exécution*) :

- Si la réponse est **oui**, alors vous devez faire un nouvel aller-retour vers la source afin de recueillir davantage d'eau.
- **Sinon**, vous n'avez plus besoin de vous rendre de nouveau à la source.

C'est exactement ce principe qui est appliqué dans le cadre de cette structure. D'ailleurs, avant même d'exécuter le bloc d'instructions à itérer pour la toute première fois, il faut tout d'abord vérifier si la condition d'exécution est observée. Ainsi, il pourrait arriver que la boucle ne s'exécute même pas une fois : si la condition d'exécution n'est pas observée au tout début c.à.d. dès la première tentative d'exécution de la boucle.

Ou un scénario encore pire, qu'elle soit exécutée sans fin : on parle de « **boucle infinie** ». En effet, aussi longtemps que la condition d'exécution est vérifiée (*vrai*), une nouvelle itération des instructions dans la boucle s'enclenche. C'est pourquoi il faut s'assurer qu'au moins une des instructions dans le bloc à itérer ait un impact sur un ou plusieurs éléments de la condition d'exécution.

NB : Il reste toujours possible d'utiliser cette structure en lieu et place de la boucle « **Pour** ».

a- Cas concret

Toujours à l'aide d'images, nous allons nous servir du même cas utilisé pour la structure « Pour…Fin pour ». Cependant, afin d'avoir un scénario plus réaliste et pertinent (c.à.d. sans pouvoir déterminer à l'avance le nombre de tours à faire), la capacité du petit seau, qui était de 10L dans l'exemple précédent, est inconnue dans ce cas. Bien sûr, nous pourrions reprendre l'exemple avec une capacité connue du petit seau, mais la structure la plus adaptée dans ce cas serait la boucle « Pour…Fin pour ». Nous espérons que cela vous aide à mieux comprendre la différence qui existe entre ces deux (02) structures itératives.

Légende :

Seau de capacité inconnue vide

Seau de capacité inconnue rempli d'eau

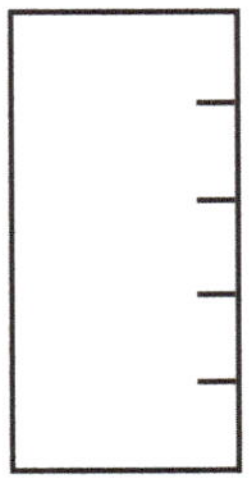

Seau de 50L vide

Opération qui consiste à vider l'eau contenue dans le seau de capacité inconnue dans le seau de 50L

Processus :

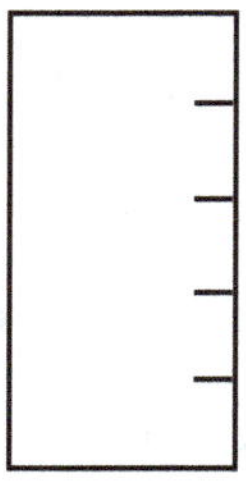

0

Y'a-t-il encore de l'espace dans le seau de 50L? (*Condition d'exécution*)

Oui.

✅ **Condition respectée** alors on procède à l'exécution des actions à savoir : Se rendre à la source pour remplir le petit seau, puis vider entièrement son contenu dans le grand seau de 50L.

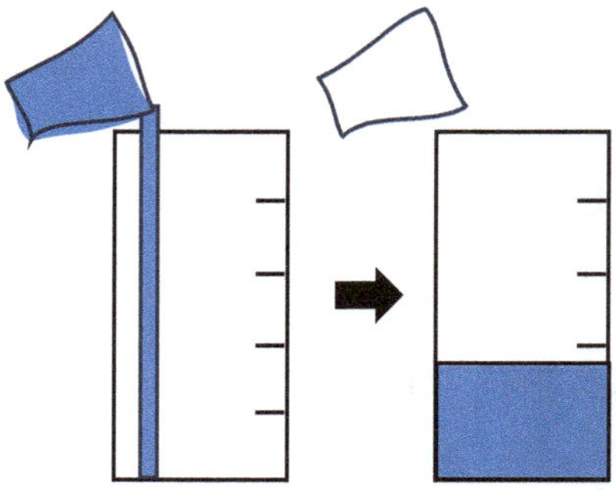

1

Y'a-t-il encore de l'espace dans le seau de 50L? (*Condition d'exécution*)

Oui.

✅ **Condition respectée** alors on procède à une nouvelle exécution des actions à savoir : Se rendre à la source pour remplir le petit seau, puis vider entièrement son contenu dans le grand seau de 50L.

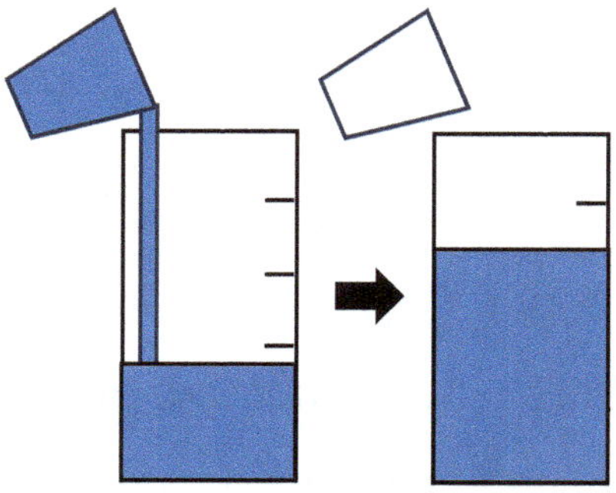

2

Y'a-t-il encore de l'espace dans le seau de 50L? (*Condition d'exécution*)

Oui.

✅ **Condition respectée** alors on procède à une nouvelle exécution des actions à savoir : Se rendre à la source pour remplir le petit seau, puis vider entièrement son contenu dans le grand seau de 50L.

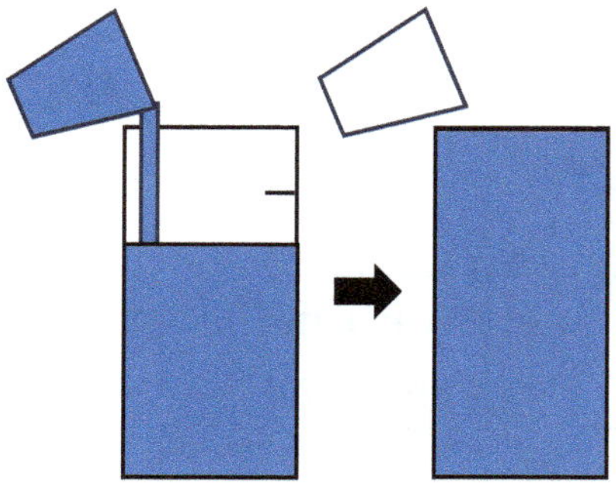

3

4

Y'a-t-il encore de l'espace dans le seau de 50L? (*Condition d'exécution*)

Non.

❌ **Condition non respectée** alors on ne procède pas à une nouvelle exécution des actions, à savoir : Se rendre à la source pour remplir le petit seau, puis vider entièrement son contenu dans le grand seau de 50L.

Nous pouvons clairement observer que nous arrêtons de répéter l'opération lorsque le seau de 50L est entièrement rempli ; en d'autres termes, lorsque la condition d'exécution n'est plus respectée.

NB : Le but ici n'est pas de se rassurer que le seau de 50L ne se remplisse sans que de l'eau ne se verse. Il s'agit simplement d'illustrer la répétition d'une opération **tant que** la condition définie est respectée.

b- Syntaxe de la structure « Tant que »

```
Tant que {condition d'exécution} faire :
        {Bloc d'instructions}
Fin tant que
```

c- Exemple de code avec la structure « Tant que »

Transcrivons le cas de remplissage du grand seau de 50L avec un plus petit de capacité inconnue :

```
Tant qu'il y'a de l'espace dans le seau de 50L faire
        un tour à la source d'eau avec le petit seau et vider son contenu dans le seau de 50L
Fin tant que
```

Supposons les trois (03) éléments suivants :

- ***x*** : la variable désignant la capacité du petit seau,
- ***cible*** : la constante définie avec pour valeur 50 (représentant la capacité du grand seau),
- ***quantité*** : la variable indiquant le volume d'eau contenu dans le grand seau. Elle doit être initialisée avec la contenance initiale du grand seau (soit **0** si vide).
- ***tour*** : la variable indiquant le nombre de tours (aller-retour) réalisés pour se rendre à la source d'eau. Elle doit être initialisée à **0** (signifiant aucun tour au début).

```
Tant que quantité < cible faire
        quantité = quantité + x
        tour = tour + 1
Fin tant que
```

3- Faire…tant que

Cette structure est identique à la bouche « **Tant que** » à la seule différence que la condition d'exécution est vérifiée après une première exécution du bloc d'instructions à itérer. En d'autres termes, contrairement à la structure « **Tant que** », celle-ci va toujours s'exécuter au moins une fois.

a- Cas concret

Reprenons le même exemple que celui de la structure « Tant que…Fin tant que », à savoir : remplir le seau de 50L à l'aide d'un seau plus petit de capacité inconnu. Le processus sera exactement le même à la seule différence que l'action de déverser le contenu du petit seau dans celui de 50L se fera avant le questionnement sur l'état de remplissage du seau de 50L.

Légende :

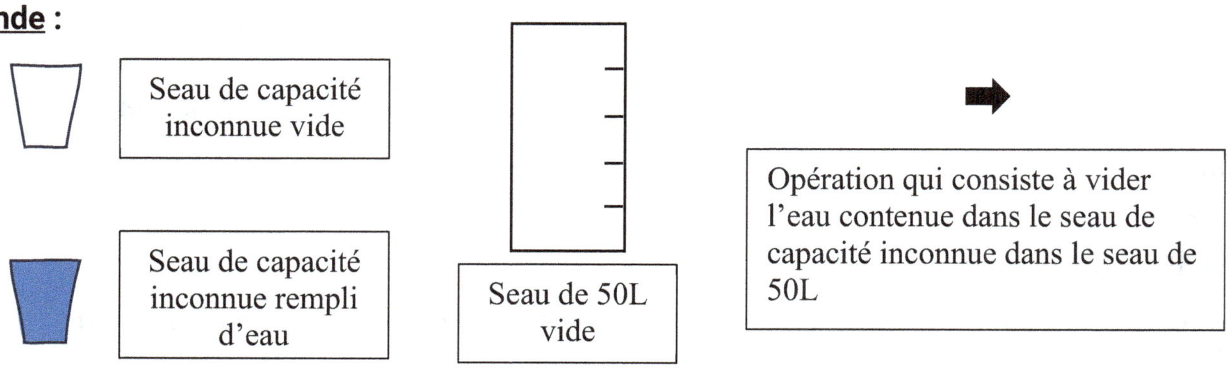

Processus :

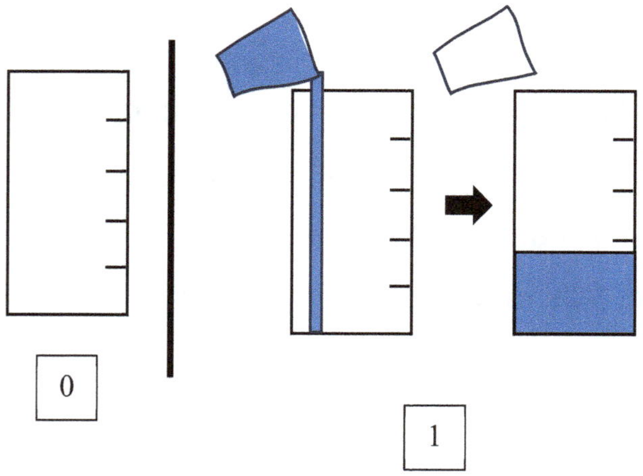

Y'a-t-il encore de l'espace dans le seau de 50L? (*Condition d'exécution*)

Oui.

✅ **Condition respectée** alors on procède à une nouvelle exécution des actions à savoir : Se rendre à la source pour remplir le petit seau, puis vider entièrement son contenu dans le grand seau de 50L.

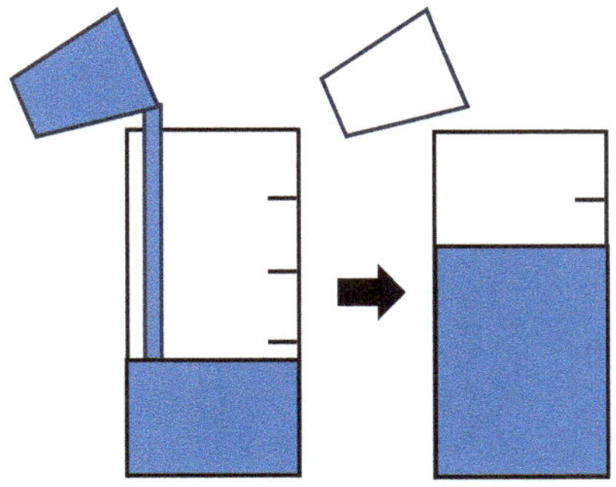

2

Y'a-t-il encore de l'espace dans le seau de 50L? (*Condition d'exécution*)

Oui.

✅ **Condition respectée** alors on procède à une exécution supplémentaire des actions à savoir : Se rendre à la source pour remplir le petit seau, puis vider entièrement son contenu dans le grand seau de 50L.

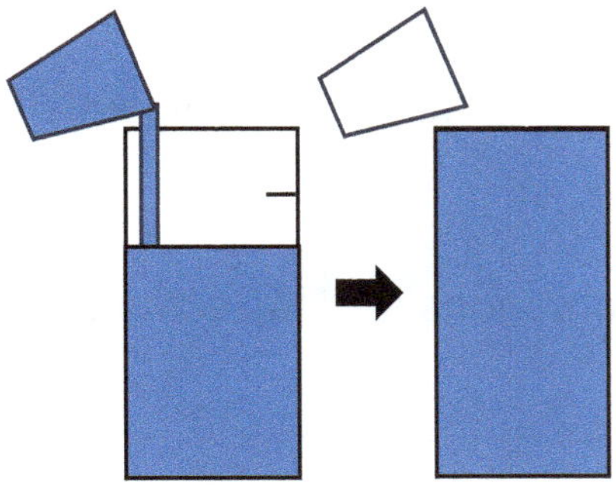

3

Y'a-t-il encore de l'espace dans le seau de 50L? (*Condition d'exécution*)

Non.

❌ **Condition non respectée** alors on ne procède pas à une nouvelle exécution des actions à savoir : Se rendre à la source pour remplir le petit seau, puis vider entièrement son contenu dans le grand seau de 50L.

Nous constatons que le scénario est quasi identique à celui de Tant que...Fin tant que, à la seule petite différence que cette fois-ci le questionnement se fait après l'action.

Supposons que le seau de 50L serait plein dès le début, alors nous exécuterons néanmoins systématiquement les actions indiquées (Se rendre à la source pour remplir le petit seau, puis vider entièrement son contenu dans le grand seau de 50L). Cette première exécution se révèle **inutile** car le seau est déjà rempli totalement, malheureusement dans ce cas, le questionnement se fait post action. Or dans le cas de « Tant que...Fin tant que », vu que le questionnement se fait avant toute exécution des actions, ce problème sera évité.

Nous espérons ainsi vous avoir présenté, à travers cet exemple concret, la différence entre « Tant que...Fin tant que » et « Faire...tant que ». Le premier (Tant que...Fin tant que) évalue d'abord la condition avant toute action or le second (Faire...tant que) permet l'exécution des actions au moins une fois avant l'évaluation de la condition. Selon la situation à laquelle vous serez confronté, vous saurez donc faire le choix qui convient le mieux ; bien qu'il soit généralement possible de substituer « Faire ...tant que » par « Tant que...Fin tant que ».

b- Syntaxe de la structure « Faire…tant que »

```
Faire
        {Bloc d'instructions}
Tant que {condition d'exécution}
```

c- Exemple de code avec la structure « Faire…tant que »

En reprenant l'exemple de la section VII-2-C, cette fois, il faudrait absolument que le grand seau soit initialement vide. Ainsi, il est évident qu'il faille impérativement faire au moins 01 tour à la source d'eau. Ceci démontre clairement que la boucle précédente (Tant que…Fin tant que) convient dans le cas où le grand seau pourrait contenir de l'eau initialement, raison pour laquelle il faut vérifier la condition d'exécution avant toute chose.

En reprenant les suppositions précédentes, nous obtenons les instructions ci-dessous :

```
Faire
        quantité = quantité + x
        tour = tour + 1
Tant que quantité < cible
```

4- Répéter … jusqu'à

Certains documents révèlent l'existence de la structure itérative « Répéter … jusqu'à » (*Repeat…until* **ou** *Do…until*). Elle n'est pas aussi connue que les boucles précédentes mais elle convient, tout comme « **Tant que** », dans les cas où le nombre d'itérations n'est pas connu à l'avance.

À l'instar de « **Faire… tant que** », elle s'exécute au moins une fois avant la vérification de la condition d'arrêt. En effet, elle ne se base pas sur une *condition d'exécution* qui doit être vérifiée (vrai) avant qu'une nouvelle itération ne s'opère mais plutôt sur une *condition d'arrêt* qui doit être vérifiée afin que la boucle s'arrête et que le programme avance sur les prochaines instructions.

NB : Dans la pratique, selon certains langages, il est possible que la condition d'arrêt soit évaluée avant la toute première exécution.

a- Cas concret

Vous pouvez consulter le cas concret décrit pour la structure « Faire…tant que ». Le scénario sera quasi identique. La seule différence se trouve au niveau de la formulation de la condition. En effet, plutôt que d'avoir la condition d'exécution « **Y'a-t-il encore de l'espace dans le seau de 50L ?** », nous aurons une condition d'arrêt qui sera formulée comme suit : « **Le seau de 50L est-il complètement rempli d'eau ?** ». Si la réponse à cette question est « *Non* » alors l'exécution des actions est répétée une fois de plus. Cependant, si la réponse est « *Oui* », alors on arrête l'itération des opérations.

Comme mentionné plus haut, selon certains langages, la condition est évaluée avant mais pour la plupart c'est évaluer après. Nous allons donc considérer ici le cas le plus répandu : « **Évaluer la condition après** ».

<u>Légende</u> :

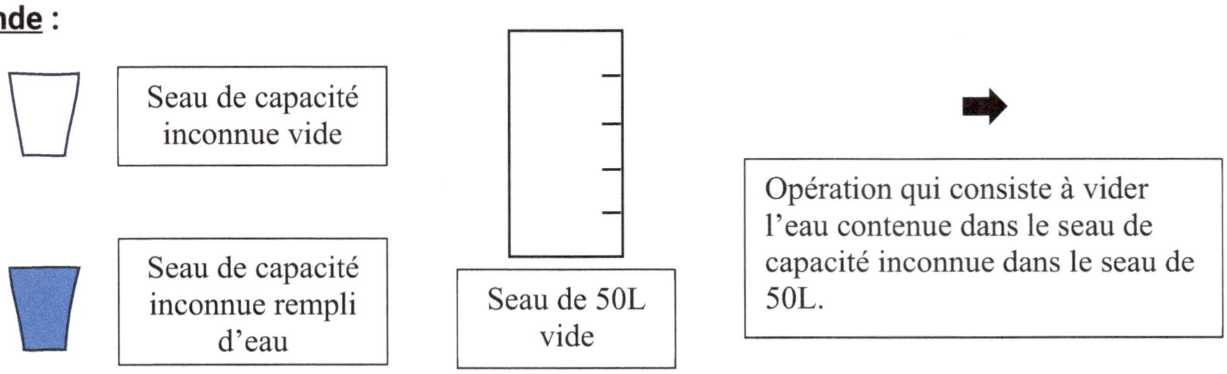

<u>Processus</u> :

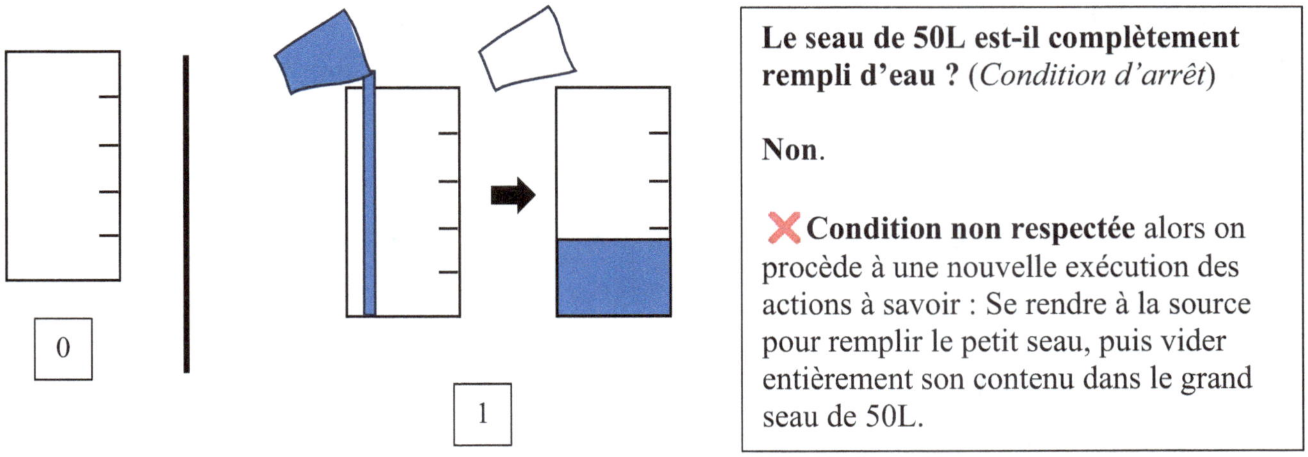

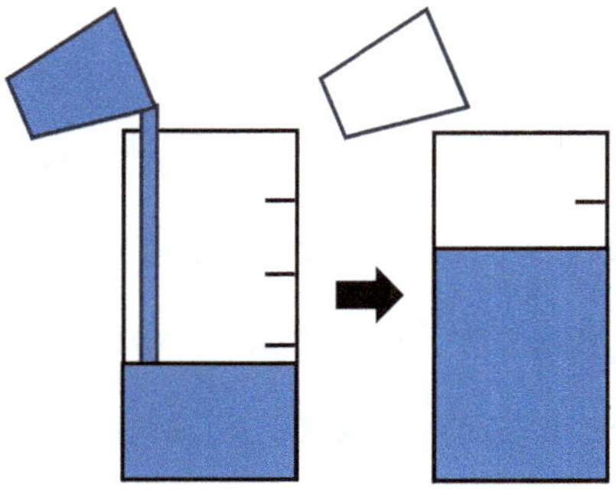

2

Le seau de 50L est-il complètement rempli d'eau ? (*Condition d'arrêt*)

Non.

❌ **Condition non respectée** alors on procède à une exécution supplémentaire des actions à savoir : Se rendre à la source pour remplir le petit seau, puis vider entièrement son contenu dans le grand seau de 50L.

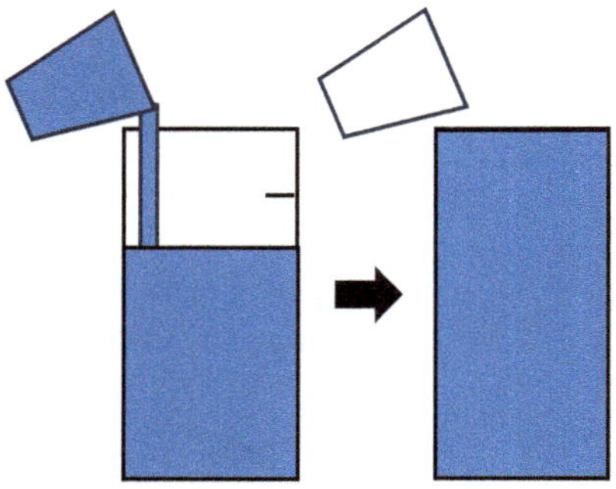

3

Le seau de 50L est-il complètement rempli d'eau ? (*Condition d'arrêt*)

Oui.

✅ **Condition respectée** alors on ne procède pas à une nouvelle exécution des actions à savoir : Se rendre à la source pour remplir le petit seau, puis vider entièrement son contenu dans le grand seau de 50L.

Nous voyons bien que le scénario est quasi à l'identique de celui de « Faire...tant que ». En revanche, les actions sont répétées lorsque la condition est **non respectée**, c.à.d. lorsque la réponse à la question est ***Non***. En effet, il s'agit ici d'une *condition d'arrêt* et non d'une *condition d'exécution*. Cela illustre bien la différence existante entre ces deux (02) itérations. Et notre but, ici, était justement de vous exposer clairement cette différence.

b- Syntaxe de la structure « Répéter...jusqu'à »

Répéter

 {Bloc d'instructions}

Jusqu'à {condition d'arrêt}

c- Exemple de code avec la structure « Répéter…jusqu'à »

- **Reprise de l'exemple précédent**

En reprenant le précédent exemple :

```
Faire
        quantité = quantité + x
        tour = tour + 1
Tant que quantité < cible
```

Voici l'équivalent :

```
Répéter
        quantité = quantité + x
        tour = tour + 1
Jusqu`à quantité ≥ cible
```

- **Autre exemple : Partage de repas gratuits**

Imaginez que vous vouliez distribuer des repas gratuits à un groupe de personnes, jusqu'à ce que votre stock s'épuise ou alors jusqu'à ce que tout le monde ait eu son assiette.

Supposons les trois (03) éléments suivants :

- ***total*** : variable initialisée avec le nombre total d'assiettes à offrir,
- ***dons*** : le nombre d'assiettes offertes (variable initialisée à 0),
- ***effectif*** : constante ayant comme valeur l'effectif du groupe des récipiendaires,

```
Répéter
        dons  = dons  + 1
        total = total - 1
Jusqu`à dons = effectif ou total = 0
```

VIII- Les commentaires

Cet outil est facultatif dans la rédaction d'un algorithme, mais il est néanmoins recommandé. Il est vrai que lorsque les « **bonnes pratiques** » sont respectées à l'instar de l'usage des noms de variables significatifs, leur usage est beaucoup moins nécessaire. Néanmoins, les commentaires permettent de laisser des notes intéressantes dans son code pour soi ou pour toute autre personne qui aura accès à celui-ci.

Ils sont généralement utilisés afin d'apporter des détails importants sur une ou plusieurs instructions. Ils n'exercent aucune influence dans l'exécution du programme car ils sont totalement ignorés. Les commentaires peuvent tenir sur une ligne ou sur plusieurs.

1- Syntaxe des commentaires

Il existe plusieurs syntaxes connues, mais comme nous l'avons mentionné plus haut dans ce document (dans la rubrique « **Attention** » de l'étape 3 du chapitre 2 intitulé : Processus de rédaction d'un algorithme), selon la source il peut exister des syntaxes différentes pour le même outil. Le plus important est d'avoir un code connu (et commun en cas d'équipe).

a- Syntaxe 1 : Commentaire sur plusieurs lignes

```
Co
        {Commentaires}
Fin co
```

Exemple :

```
Co
        Voici un exemple de commentaires.
        Un exemple sur plusieurs lignes notamment.
Fin co
```

b- Syntaxe 2 : Commentaire sur une seule ligne

- **Cas 1 :**

```
Note : {Commentaires}
```

Exemple :

Note : Voici un exemple de commentaires sur une ligne.

- **Cas 2 :**

Remarque : {Commentaires}

Exemple :

Remarque : Voici un exemple de commentaires sur une ligne.

- **Cas 3 :**

{{Commentaires}}

Exemple :

{Voici un exemple de commentaires sur une ligne.}

- **Cas 4 :**

%{Commentaires}%

Exemple :

% Voici un exemple de commentaires sur une ligne. %

Maintenant, vous vous êtes (un peu plus) familiarisé avec les outils fondamentaux d'un algorithme. En plus de vous exposer des syntaxes et des exemples d'utilisation, nous avons pris le soin de vous présenter le principe de fonctionnement des structures conditionnelles et itératives à travers des exemples concrets. Dans le même temps, nous en avons profité pour vous présenter les similitudes et les particularités des uns par rapport aux autres afin que vous puissiez convenablement faire le choix de l'outil adéquat selon la situation à laquelle vous serez confrontée.

Dans le prochain chapitre, nous présentons clairement l'implémentation des étapes proposées dans cet ouvrage dans le processus de rédaction de l'algorithme en soi.

Chapitre 4

Rédaction d'un algorithme

Dans le chapitre antérieur, nous dévoilons les notions de base de l'algorithme et leur cas d'utilisation. Il s'agit maintenant de vous exposer comment rédiger intégralement un algorithme suivant notre approche révélée dans le chapitre 2. Nous présentons des exemples à l'appui, pas juste des petits bouts comme présentés jusqu'ici dans le chapitre précédent.

Comme mentionné dans l'introduction de ce document, l'algorithme peut se présenter sous forme de graphes ou alors sous forme de code (texte). Ici, nous nous intéressons uniquement à la représentation sous forme de code, le but étant d'accroître les compétences des lecteurs dans la rédaction ou la compréhension de programme peu importe le langage de programmation.

I- Structure d'un algorithme

Un algorithme se compose principalement de trois (03) blocs :

- **L'en-tête** : Elle comprend le mot clé « **Algorithme** » suivi du nom de l'algorithme qui devrait donner des indications sur l'objet de l'algorithme,
- **Le bloc de déclaration des variables et des constantes** : il faut bien penser les variables nécessaires pour l'implémentation du processus et aussi se poser la question de l'utilité éventuelle de constante(s),
- **Le corps** : il s'agit des différentes instructions qui constituent le cœur de l'algorithme, sa raison d'être. Il est délimité par les mots clés « **Début** » et « **Fin** ».

1- Structure classique d'un algorithme

En-tête	Algorithme {Nom de l'algorithme}
Bloc de déclarations	[Zone de déclaration des variables et des constantes]
Corps	Début {Ensemble d'instructions} Fin

2- L'indentation du code

Il est important de se rassurer d'avoir un code lisible et parfaitement structuré, d'où la notion de : « **l'indentation de code** ». En effet, ceci n'a aucun impact sur le fonctionnement du code. Elle se matérialise par un trait liant le début et la fin d'un bloc et par la présence d'alinéas.

```
Début
|      Instruction 1
|      …
|      Instruction n
Fin
```

```
Début structure conditionnelle ou itérative
|      Instruction 1
|      …
|      Instruction n
Fin structure conditionnelle ou itérative
```

NB : Il n'est pas obligé de ressortir formellement ce trait vertical mais nous le recommandons.

II- Quelques exemples d'algorithme

1- Algorithmes d'addition

Il s'agit de l'opération d'addition qui sera implémentée dans trois (03) algorithmes en rajoutant progressivement des subtilités.

a- Addition de deux (02) nombres

Énoncé : Écrire un algorithme qui initialisera deux (02) nombres et affichera à l'écran le résultat de leur somme.

Solution :

```
Algorithme Addition de deux nombres
Variables :
        nombreA, nombreB, somme : Entier
Début
        nombreA ← 9
        nombreB ← 5
        somme ← nombreA + nombreB
        Afficher("Le résultat de la somme de ", nombreA, " et ", nombreB, " est : ", somme)
        Note : on aurait directement pu afficher « nombreA + nombreB » sans utiliser somme
Fin
```

b- Addition de deux (02) nombres saisis par l'utilisateur

Énoncé : Écrire un algorithme qui demandera à un utilisateur d'entrer deux (02) nombres et affichera à l'écran le résultat de leur somme.

Solution :

```
Algorithme Addition de deux nombres
Variables :
        nombreA, nombreB, somme : Entier
Début
        Afficher ("**** Bienvenu(e) dans notre application d'addition ****")
        Afficher ("Veuillez entrer un premier nombre entier : ")
        Saisir(nombreA)
        Afficher ("Veuillez entrer un second nombre entier : ")
        Saisir(nombreB)
        somme ← nombreA + nombreB
        Afficher("Le résultat de la somme de ", nombreA, " et ", nombreB, " est : ", somme)
        Note : on aurait directement pu afficher « nombreA + nombreB » sans utiliser somme
Fin
```

c- Addition de deux (02) nombres saisis par l'utilisateur et devant tous les deux (02) être strictement inférieurs à 50 (Exemple avec suivi des étapes de rédaction d'un algorithme)

Énoncé : Écrire un algorithme qui demandera à un utilisateur d'entrer deux (02) nombres entiers strictement inférieurs à 50 et affichera à l'écran le résultat de leur somme.

NB : Le programme doit se rassurer que l'utilisateur respecte la contrainte.

Pour ce dernier exemple, nous suivons les étapes de rédaction d'un algorithme énumérées au chapitre 2 (Processus de rédaction d'un algorithme), à savoir :

- Étape 1 : Comprendre le problème soulevé
- Étape 2 : Résoudre le problème soulevé
- Étape 3 : Transcrire la résolution du problème en algorithme
- Étape 4 : Réaliser la trace de l'algorithme

Solution :

Étape 1 : Comprendre le problème soulevé

Calculer et afficher la somme de deux (02) nombres saisis par l'utilisateur à l'écran, **chacun des deux (02) nombres devant être strictement inférieur à 50**.

Étape 2 : Résoudre le problème soulevé

- Récupérer deux (02) nombres saisis par l'utilisateur
- Se rassurer que les nombres saisis soient chacun strictement inférieur à 50
- Calculer et afficher la somme des deux (02) nombres

Étape 3 : Transcrire la résolution du problème en algorithme

Nous allons réaliser cette étape en deux (02) temps :

- Identification des outils nécessaires pour l'implémentation de la solution établie
- Rédaction de l'algorithme

1) Identification des outils nécessaires

- Récupérer les deux (02) nombres saisis par l'utilisateur
    - Utiliser deux (02) variables afin de stocker les nombres saisis
    - Demander à l'utilisateur de saisir les nombres à l'aide de la fonction d'écriture
    - Récupérer et stocker les nombres dans les variables à l'aide de la fonction de lecture

- Se rassurer que les nombres saisis soient chacun strictement inférieur à 50
    - Se servir d'une constante afin de définir la limite 50
        - Les constantes peuvent être identifiées comme suit :
            - Avons-nous des valeurs qui ne vont pas changer tout au long de l'exécution du programme ? Oui, **la limite 50**.
        - Se servir d'une structure conditionnelle afin de vérifier si le nombre saisi n'est pas strictement inférieur à 50 et afficher un message d'erreur : **Si** ou **Selon ?**
            - Y'a-t-il une liste de choix ? Non, alors utiliser « **Si** »
                - Opérateur de comparaison : ≥

      - En effet, le message d'erreur doit s'afficher si le nombre n'est pas inférieur à 50, c.à.d. qu'il est supérieur ou égal (≥) à 50.
  - Se servir d'une structure itérative afin de répéter la récupération d'un nombre à l'utilisateur aussi longtemps qu'il ne correspond pas au critère « strictement inférieur à 50 » : Comment sélectionner la structure à utiliser pour ce cas (Pour ou Tant que ou Faire...tant que ou Répéter...jusqu'à) ?
    - Est-ce que le nombre d'itérations est connu à l'avance ? Non, alors « Pour » est exclu
    - Est-ce que les instructions à itérer doivent obligatoirement s'exécuter au moins une fois ? Oui, idéalement. Alors il est recommandé d'utiliser :
      - « Faire...tant que » avec une condition d'exécution : condition cible non atteinte (le nombre saisi n'est pas strictement inférieur à 50, il est donc supérieur ou égal à 50)
        - Opérateur de comparaison : ≥
      - Ou « Répéter...jusqu'à » avec une condition d'arrêt : condition cible atteinte (le nombre saisi est strictement inférieur à 50)
        - Opérateur de comparaison : <

- Calculer et afficher la somme des deux (02) nombres
  - Utiliser l'opérateur arithmétique d'addition : **+**
  - Utiliser optionnellement une variable entière pour stocker le résultat de l'addition
  - Utiliser la fonction d'écriture pour afficher le résultat à l'écran

2) Rédaction de l'algorithme

```
Algorithme Addition de deux nombres strictement inférieurs à 50
Constantes :
        limite = 50
Variables :
        nombreA, nombreB, somme : Entier
Début
        Afficher ("**** Bienvenu(e) dans notre application d'addition ****")
        Faire
                Afficher ("Veuillez entrer un premier nombre entier strictement inférieur à ", limite, " : ")
                Saisir(nombreA)
                Si (nombreA ≥ limite) alors
                        Afficher ("Désolé, mais le nombre saisi doit être strictement inférieur à ", limite, ".")
                Fin Si
        Tant que (nombreA ≥ limite) % condition d'exécution %

        Note : Nous utilisons Répéter…jusqu'à pour le second cas juste pour varier de boucle
        Repéter
                Afficher ("Veuillez entrer un second nombre entier strictement inférieur à ", limite, ": ")
                Saisir(nombreB)
                Si (nombreB ≥ limite) alors
                        Afficher ("Désolé, mais le nombre saisi doit être strictement inférieur à ", limite, ".")
                Fin Si
        Jusqu'à (nombreB < limite) % condition d'arrêt à l'opposé de la condition d'exécution %

        somme ← nombreA + nombreB
        Afficher("Le résultat de la somme de ", nombreA, " et ", nombreB, " est : ", somme)
        % on aurait directement pu afficher « nombreA + nombreB » sans utiliser somme %
Fin
```

Étape 4 : Réaliser la trace de l'algorithme

1) Déclaration des constantes et des variables

Espace mémoire	limite	nombreA	nombreB	somme
Valeur stockée	50			

2) Exécution du corps (ligne par ligne)

Nous allons attribuer des lettres à chaque ligne A, B, C, D… afin de simplifier la trace

1 : A- Afficher ("**** Bienvenu(e) dans notre application d'addition ****")

Affichage à l'écran
**** Bienvenu(e) dans notre application d'addition ****

2 : B - Faire

Aucune action, avancée vers la prochaine instruction.

3 : C- Afficher ("Veuillez entrer un premier nombre entier strictement inférieur à ", limite, ": ")

Affichage à l'écran
Veuillez entrer un premier nombre entier strictement inférieur à 50 :

4 : D - Saisir(nombreA)

Supposons que l'utilisateur ait saisi **50**

Espace mémoire	limite	nombreA	nombreB	somme
Valeur stockée	**50**	**50**		

5 : E - Si (nombreA ≥ limite) alors

Application de la comparaison avec les valeurs stockées dans la variable nombreA (50) et la constante limite (50)

50 ≥ 50 retourne « vrai », alors l'exécution se poursuit dans le corps de la structure Si

6 : F - Afficher ("Désolé, mais le nombre saisi doit être strictement inférieur à ", limite, ".")

Affichage à l'écran
Désolé, mais le nombre saisi doit être strictement inférieur à 50.

7 : G - Fin Si

Aucune action, avancée vers la prochaine instruction.

8 : H - Tant que (nombreA ≥ limite)

Application de la comparaison avec les valeurs stockées dans la variable nombreA (50) et la constante limite (50)

50 ≥ 50 retourne « vrai » : la condition d'exécution de « Faire...tant que » étant vérifiée (vrai) alors l'exécution se poursuit par une nouvelle itération de la boucle. => Retour à l'instruction B.

9 : B – Faire

Aucune action, avancée vers la prochaine instruction : nouvelle exécution de la boucle.

10 : C- Afficher ("Veuillez entrer un premier nombre entier strictement inférieur à ", limite, ": ")

Affichage à l'écran
Veuillez entrer un premier nombre entier strictement inférieur à 50 :

11 : D - Saisir(nombreA)

Supposons que l'utilisateur ait saisi **61**

Espace mémoire	limite	nombreA	nombreB	somme
Valeur stockée	50	~~50~~ **61**		

12 : E - Si (nombreA ≥ limite) alors

Application de la comparaison avec les valeurs stockées dans la variable nombreA (61) et la constante limite (50)

61 ≥ 50 retourne « vrai », alors l'exécution se poursuit dans le corps de la structure Si

13 : F - Afficher ("Désolé, mais le nombre saisi doit être strictement inférieur à ", limite, ".")

Affichage à l'écran
Désolé, mais le nombre saisi doit être strictement inférieur à 50.

14 : G - Fin Si

Aucune action, avancée vers la prochaine instruction.

15 : H - Tant que (nombreA ≥ limite)

Application de la comparaison avec les valeurs stockées dans la variable nombreA (61) et la constante limite (50)

61 ≥ 50 retourne « vrai » : la condition d'exécution de « Faire...tant que » étant vérifiée (vrai) alors l'exécution se poursuit par une nouvelle itération de la boucle. => Retour à l'instruction B.

16 : B – Faire

Aucune action, avancée vers la prochaine instruction : nouvelle exécution de la boucle.

17 : C- Afficher ("Veuillez entrer un premier nombre entier strictement inférieur à ", limite, ": ")

Affichage à l'écran
Veuillez entrer un premier nombre entier strictement inférieur à 50 :

18 : D - Saisir(nombreA)

Supposons que l'utilisateur ait saisi **14**

Espace mémoire	limite	nombreA	nombreB	somme
Valeur stockée	50	~~61~~ **14**		

19 : E - Si (nombreA ≥ limite) alors

Application de la comparaison avec les valeurs stockées dans la variable nombreA (14) et la constante limite (50)

14 ≥ 50 retourne « faux », alors l'exécution ne se poursuit pas dans le corps de la structure Si

20 : G - Fin Si

Aucune action, avancée vers la prochaine instruction.

21 : H - Tant que (nombreA ≥ limite)

Application de la comparaison avec les valeurs stockées dans la variable nombreA (14) et la constante limite (50)

61 ≥ 50 retourne « faux » : la condition d'exécution de « Faire...tant que » n'étant pas vérifiée (faux) alors l'exécution se poursuit à l'instruction après la boucle.

Remarque : Les commentaires sont ignorés lors de la trace.

22 : I - Repéter

Aucune action, entrée dans la boucle.

23 : J - Afficher ("Veuillez entrer un second nombre entier strictement inférieur à ", limite, ": ")

Affichage à l'écran
Veuillez entrer un second nombre entier strictement inférieur à 50 :

24 : K - Saisir(nombreB)

Supposons que l'utilisateur ait saisi **26**

Espace mémoire	limite	nombreA	nombreB	somme
Valeur stockée	50	14	**26**	

25 : L - Si (nombreB ≥ limite) alors

Application de la comparaison avec les valeurs stockées dans la variable nombreB (26) et la constante limite (50)

26 ≥ 50 retourne « faux », alors l'exécution ne se poursuit pas dans le corps de la structure Si

Remarque : Bien que les instructions de la structure ne s'exécutent pas, elles sont néanmoins numérotées.

L - Si (nombreB ≥ limite) alors

M - Écrire ("Désolé, mais le nombre saisi doit être strictement inférieur à 50.")

N - Fin Si

26 : N - Fin Si

Aucune action, avancée vers la prochaine instruction.

27 : O - Jusqu'à (nombreB < limite)

Application de la comparaison avec les valeurs stockées dans la variable nombreB (26) et la constante limite (50)

26 < 50 retourne « vrai » : la condition d'arrêt de « Répéter…jusqu'à » étant vérifiée (vrai) alors l'exécution se poursuit à l'instruction après la boucle.

28 : P - somme ← nombreA + nombreB

- Exécution de l'opération d'addition avec les valeurs stockées dans les variables nombreA (14) et nombreB (26) : 14+26 = **40**
- Affectation du résultat de l'opération d'addition (40) dans la variable « somme »

Espace mémoire	limite	nombreA	nombreB	somme
Valeur stockée	50	14	26	**40**

29 : Q - Afficher("Le résultat de la somme de ", nombreA, " et ", nombreB, " est : ", somme)

Affichage à l'écran
Le résultat de la somme de **14** et **26** est : **40**

30 : Fin du programme

Conclusion : Cette trace nous permet de confirmer le bon fonctionnement de l'algorithme. Si un comportement inapproprié avait été observé alors nous aurions été dans l'obligation d'analyser de nouveau le problème soulevé, la solution et les outils choisis, afin de comprendre le dysfonctionnement dans l'optique d'appliquer les corrections nécessaires.

NB : Il est toujours préférable de réaliser une trace couvrant l'ensemble des cas possibles afin de s'assurer que l'algorithme tient compte des différents scénarios possibles. Par exemple, il aurait été judicieux de tester le cas où « nombreB » (instruction **D** et **K**) se verrait affecter une valeur supérieure ou égale à 50.

3) Aperçu complet de l'écran

Référence	Affichage complet à l'écran
1 : A	**** Bienvenu(e) dans notre application d'addition ****
3 : C	Veuillez entrer un premier nombre entier strictement inférieur à 50 :
4 : D	**50**
6 : F	Désolé, mais le nombre doit être strictement inférieur à 50.
10 : C	Veuillez entrer un premier nombre entier strictement inférieur à 50 :
11 : D	**61**
13 : F	Désolé, mais le nombre doit être strictement inférieur à 50.
17 : C	Veuillez entrer un premier nombre entier strictement inférieur à 50 :
18 : D	**14**
23 : J	Veuillez entrer un second nombre entier strictement inférieur à 50 :
24 : K	**26**
29 : Q	Le résultat de la somme de 14 et 26 est : 40

NB : Les références en **gras** et les éléments en **surbrillance** désignent les saisies de l'utilisateur (fonction de lecture) qui se distinguent des autres éléments qui sont automatiquement affichés par le programme via la fonction d'écriture.

2- Autres exemples

Pour les deux (02) exemples qui vont suivre, nous présentons une implémentation à partir des trois (03) premières étapes débouchant sur la proposition d'un algorithme résolvant le problème posé. Sachant notamment que la trace se fait après la rédaction d'une première version, nous n'avons pas explicitement présenté cette étape dans ces cas. Mais nous vous invitons vivement à toujours réaliser la trace dans votre processus de rédaction afin de valider le bon fonctionnement de votre algorithme.

- L'étape 1 (Comprendre le problème soulevé) consiste simplement à formuler clairement un énoncé : **Reformulation de l'énoncé**
- L'étape 2 (Résoudre le problème soulevé) détaille clairement la recherche de la solution au problème posé : **Analyse**
- Enfin, l'étape 3 (Transcrire la résolution du problème en algorithme) consiste donc en la rédaction de l'algorithme après l'identification des outils : **Rédaction de l'algorithme**

a- Calcul du produit de 02 entiers positifs saisis par l'utilisateur sans utiliser l'opérateur de multiplication

Énoncé : Sans utiliser l'opérateur de multiplication, écrire un algorithme qui demande à un utilisateur d'entrer deux (02) entiers positifs et affiche à l'écran le résultat de leur produit.

NB : Pas besoin de contrôler que l'utilisateur saisit des entiers positifs ici.

Solution :

Étape 1 : Comprendre le problème soulevé

Calculer et afficher le produit de deux (02) nombres saisis par l'utilisateur à l'écran, **et cela sans utiliser l'opérateur** « **×** ».

Étape 2 : Résoudre le problème soulevé

Nous allons réaliser cette étape en deux (02) phases :

- Identification des étapes clés dans l'exécution de l'algorithme
- Analyse de la problématique posée (afin de proposer une solution viable)

1) Étapes clés de l'algorithme

- Récupérer deux (02) nombres saisis par l'utilisateur
- Calculer le produit sans utiliser l'opérateur « × »
- Afficher le résultat du produit des deux (02) nombres

Problématique fondamentale à résoudre ici : « **Comment calculer le produit sans utiliser l'opérateur de multiplication ?** »

2) Analyse : Réponse à la problématique principale

Le processus de multiplication de deux (02) entiers positifs est une itération d'addition. En effet, multiplier **a** par **b** revient tout simplement à additionner successivement a par lui-même (b-1) fois, a et b étant des entiers positifs.

<u>Illustration</u>: $a \times b = \underbrace{a + a + \ldots + a}_{\text{b-1 fois}}$

<u>Exemple</u>: $9 \times 3 = \underbrace{9 + 9 + 9}_{\text{3-1 = 2 fois}} = 27$

$5 \times 2 = \underbrace{5 + 5}_{\text{2-1 = 1 fois}} = 10$

<u>Cas particuliers</u> : 1 et 0

$9 \times 0 = \underbrace{9 + \ldots + 9}_{\text{0-1 = -1 fois}} = 0$

$9 \times 1 = \underbrace{9 + \ldots + 9}_{\text{1-1 = 0 fois}} = 9$

L'élément neutre de l'addition étant 0, nous poussons la réflexion pour trouver une formule beaucoup plus générale.

$9 \times 0 = 0 \underbrace{+ 9 + \ldots + 9}_{\text{0 = 0 fois}} = 0$

$9 \times 1 = 0 \underbrace{+ 9 + \ldots + 9}_{\text{1 = 1 fois}} = 0 + 9 = 9$

$9 \times 3 = 0 \underbrace{+ 9 + \ldots + 9}_{\text{3 = 3 fois}} = 0 + 9 + 9 + 9 = 27$

$5 \times 2 = 0 \underbrace{+ 5 + \ldots + 5}_{\text{2 = 2 fois}} = 0 + 5 + 5 = 10$

On remarque que le nombre d'opérateurs « + » correspond exactement au second facteur :

$a \times b = 0 \underbrace{+ a + a + \ldots + a}_{\text{b fois}}$ ➡

> Multiplier **a** par **b** revient tout simplement à effectuer la somme répétée de **a**, **b** fois, partant de **0** (a et b étant des entiers positifs).

On aurait directement pu donner cette définition dès le début mais nous voulions présenter un exemple de démarche à cette étape d'analyse.

Performance : Afin d'optimiser le processus, il serait préférable d'itérer l'addition du nombre le plus grand des deux. En effet, supposons « **2 × 93** ». Au lieu d'additionner 2 à 0 à **93 reprises**, il serait plus optimal d'additionner 93 à 0 à **2 reprises**.

Étape 3 : Transcrire la résolution du problème en algorithme

Nous allons diviser cette étape en deux (02) :

- Identification des outils nécessaires pour l'implémentation de la solution établie
- Rédaction de l'algorithme

1) Identification des outils nécessaires

- Récupérer les deux (02) nombres saisis par l'utilisateur
    - Utiliser deux (02) variables afin de stocker les nombres saisis
    - Demander à l'utilisateur de saisir les nombres à l'aide de la fonction d'écriture
    - Récupérer et stocker les nombres dans les variables à l'aide de la fonction de lecture

NB : Bien que cela n'est pas pris en compte ici, il est toujours important d'intégrer une étape de vérification des entrées des utilisateurs afin de s'assurer que ceux-ci entrent des données conformes à ce que le programme attend (« ***Don't Trust User Input*** »). Vous pouvez notamment vous inspirer de la vérification qui a été réalisée dans l'algorithme précédent.

- Calculer le produit sans utiliser l'opérateur « × »
    - Se servir d'une structure conditionnelle afin de comparer les deux nombres afin de déterminer qui est le plus grand : **Si** ou **Selon**
        - Avons-nous une liste de choix ? Non, alors utiliser « Si »
        - Opérateur de comparaison : < ou >
    - Se servir d'une structure itérative afin de répéter l'opération d'addition tel que décrit dans l'analyse de l'étape 2 : Comment sélectionner la structure à utiliser pour ce cas (Pour ou Tant que ou Faire…tant que ou Répéter…jusqu'à) ?
        - Est-ce que le nombre d'itérations est connu à l'avance ? Oui, alors « Pour » convient
        - Bien sûr, il serait également possible d'adapter les autres boucles pour ce scénario : nous mettons en commentaires une autre version du code avec la boucle « Tant que »

- Utiliser l'opérateur arithmétique d'addition : +
- Se servir d'une variable afin de stocker le résultat des additions successives
  - Conformément à l'illustration ressortie lors de l'analyse, cette variable sera initialisée à 0 et la structure itérative configurée de sorte qu'aucune itération ne s'opère si le facteur est 0

- Afficher le résultat du produit des deux (02) nombres
  - Utiliser la fonction d'écriture pour afficher le résultat à l'écran

2) Rédaction de l'algorithme

```
Algorithme Produit de deux nombres
Variables :
        nombreA, nombreB, produit, compteur : Entier
Début
        Afficher ("**** Bienvenu(e) dans notre application de produit ****")
        Afficher ("Veuillez entrer un premier nombre entier : ")
        Saisir(nombreA)
        Afficher ("Veuillez entrer un second nombre entier : ")
        Saisir(nombreB)
        % On aurait simplement pu faire : produit ← nombreA × nombreB %
        produit ← 0
        Si (nombreA < nombreB) alors
                Pour compteur allant de 0 à nombreA - 1
                        produit ← produit + nombreB
                Fin tant que
        Sinon
                Pour compteur allant de 0 à nombreB - 1
                        produit ← produit + nombreA
                Fin tant que
                Co
                        compteur ← 0
                        Tant que (compteur ≠ nombreB) faire
                                produit ← produit + nombreA
                                compteur ← compteur + 1
                        Fin tant que
                Fin Co
        FinSi
        Afficher("Le produit de ", nombreA, " et ", nombreB, " est : ", produit)
Fin
```

b- Calcul du quotient de 02 entiers positifs saisis par l'utilisateur sans utiliser l'opérateur de division (Cas d'une division entière)

Énoncé : Il s'agit d'écrire un algorithme qui demande à un utilisateur d'entrer deux (02) nombres et affiche à l'écran le résultat de leur quotient (division entière). Une contrainte interdisant l'usage de l'opérateur de division est ajoutée.

NB : Pas besoin de vérifier si l'utilisateur saisit des entiers positifs ici.

Solution :

Étape 1 : Comprendre le problème soulevé

Calculer et afficher le quotient de deux (02) nombres saisis par l'utilisateur à l'écran, **et cela sans utiliser l'opérateur « ÷ »**.

Étape 2 : Résoudre le problème soulevé

Nous allons réaliser cette étape en deux (02) phases :

- Identification des étapes clés dans l'exécution de l'algorithme
- Analyse de la problématique posée (afin de proposer une solution viable)

1) Étapes clés de l'algorithme

- Récupérer deux (02) nombres saisis par l'utilisateur
- Calculer le quotient sans utiliser l'opérateur « ÷ »
- Afficher le résultat du quotient des deux (02) nombres

Problématique fondamentale à résoudre ici : « Comment calculer le quotient sans utiliser l'opérateur de division ? »

2) Analyse : Réponse à la problématique principale

Rappel des éléments d'une opération de division :

$$20 \div 2 = 10$$

Dividende	**Diviseur**	**Quotient**
20	2	10

Le processus de division est simplement une itération de soustraction. En effet, diviser **a** par **b** revient tout simplement à déterminer le nombre de soustractions successives de a par b, jusqu'à ce que le résultat de la soustraction soit :

- **0** : si a est un multiple de b,
- **Inférieur à b** : la différence étant le reste de la division

<u>Illustration</u> : « a ÷ b = q » où q représente :

$$\underbrace{(((a - b) - b) \dots - b)}_{\mathbf{q} \text{ fois}} = c \text{ (avec } c < b)$$

<u>Exemple 1</u>: 18 ÷ 3 = ?

$$\underset{\mathbf{1}}{18 - 3} = \underset{\mathbf{2}}{15 - 3} = \underset{\mathbf{3}}{12 - 3} = \underset{\mathbf{4}}{9 - 3} = \underset{\mathbf{5}}{6 - 3} = \underset{\mathbf{6}}{3 - 3} = \mathbf{0}$$

⇨ 18 ÷ 3 = **6** (avec 0 comme reste de la division)

<u>Exemple 2</u>: 7 ÷ 2 = ?

$$\underset{\mathbf{1}}{7 - 2} = \underset{\mathbf{2}}{5 - 2} = \underset{\mathbf{3}}{3 - 2} = \mathbf{1} \text{ (1 < 2, donc 1 est le reste de la division)}$$

⇨ 7 ÷ 2 = **3** (avec 1 comme reste de la division)

<u>Cas particuliers</u> :

- Le diviseur ne doit absolument pas être 0
  - Si le diviseur est égal à 0 alors l'opération est impossible
- La division de 0 par tout nombre est égale à 0
  - Si le dividende est égal à 0, alors le quotient est 0
- Dans le cas d'une division entière, le diviseur doit être plus petit que le dividende, sinon le résultat est 0 et le dividende représente le reste de la division
  - Si le diviseur est plus grand que le dividende, le quotient est 0 et le dividende est le reste

<u>Étape 3</u> : Transcrire la résolution du problème en algorithme

Nous allons diviser cette étape en deux (02) :

- Identification des outils nécessaires pour l'implémentation de la solution établie
- Rédaction de l'algorithme

1) Identification des outils nécessaires

- Récupérer les deux (02) nombres saisis par l'utilisateur
  - Utiliser deux (02) variables afin de stocker les nombres saisis
  - Demander à l'utilisateur de saisir les nombres à l'aide de la fonction d'écriture
  - Récupérer et stocker les nombres dans les variables à l'aide de la fonction de lecture

NB : Bien que cela n'est pas pris en compte ici, il est toujours important d'intégrer une étape de vérification des entrées des utilisateurs afin de s'assurer que ceux-ci entrent des données conformes à ce que le programme attend (« ***Don't Trust User Input*** »). Vous pouvez notamment vous inspirez du contrôle qui a été réalisé dans l'algorithme de la section précédente : Addition de deux (02) nombres saisis par l'utilisateur et devant être strictement inférieurs à 50 chacun.

- Calculer le quotient sans utiliser l'opérateur « ÷ »
  - Se servir d'une structure conditionnelle afin de vérifier si le diviseur est égal à 0 : **Si** ou **Selon**
    - Avons-nous une liste de choix ? Non, alors utiliser « Si »
    - Opérateur de comparaison : =
    - Usage du bloc « **Sinon** » pour gérer le cas échéant
  - Se servir d'une structure conditionnelle afin de vérifier si le dividende est égal à 0 : **Si** ou **Selon**
    - Avons-nous une liste de choix ? Non, alors utiliser « Si »
    - Opérateur de comparaison : =
    - Usage du bloc « **Sinon** » pour gérer le cas échéant
  - Se servir d'une structure conditionnelle afin de vérifier si le diviseur est supérieur au dividende : **Si** ou **Selon**
    - Avons-nous une liste de choix ? Non, alors utiliser « Si »
    - Opérateur de comparaison : >
    - Usage du bloc « **Sinon** » pour gérer le cas échéant

- Se servir d'une structure itérative afin de répéter l'opération de soustraction tel que décrit dans l'analyse de l'étape 2 : Comment sélectionner la structure à utiliser pour ce cas (Pour ou Tant que ou Faire...tant que ou Répéter...jusqu'à) ?
  - Est-ce que le nombre d'itérations est connu à l'avance ? Non, alors « Pour » n'est pas approprié
  - Est-ce que l'opération à itérer (la soustraction dans ce cas) va s'exécuter au moins une fois : **Non**, car si le dividende inférieur au diviseur alors il n'y aura aucune opération de soustraction. Dans ce cas, « Faire...tant que » n'est pas approprié. Il faudra donc opter pour « Tant que »
    - Utiliser « Tant que ...faire » avec une condition d'exécution : le reste doit être supérieur ou égal au diviseur
      - Opérateur de comparaison : ≥
      - Le reste doit être initialisé avec le dividende car si le dividende est inférieur au diviseur alors le reste de la division a pour valeur le dividende
  - Utiliser l'opérateur arithmétique de soustraction : -
- Se servir d'une variable (*reste*) afin de stocker le résultat des soustractions successives :
  - Cette variable sera initialisée par le dividende car c'est à partir de lui que les soustractions successives débutent
  - La valeur finale de cette variable représente le reste de la division
- Se servir d'une variable (*quotient*) qui fera le décompte progressif du nombre de soustractions
  - Cette variable sera initialisée par 0
  - Cette variable s'incrémentera au fur et à mesure qu'une opération de soustraction s'effectuera

- Afficher le résultat du quotient des deux (02) nombres ainsi que le reste
  - Utiliser la fonction d'écriture pour afficher le résultat à l'écran (le reste aussi)

2) Rédaction de l'algorithme

```
Algorithme Division entière de deux entiers
Variables :
        diviseur, dividende, quotient, reste : Entier
Début
        Afficher ("**** Bienvenu(e) dans notre application de division entière ****")
        Afficher ("Veuillez entrer le dividende : ")
        Saisir(dividende)
        Afficher ("Veuillez entrer diviseur : ")
        Saisir(diviseur)

        Si diviseur = 0 alors
                Afficher ("Désolé mais cette opération est impossible ! ")
        Sinon
                % On aurait simplement pu faire : quotient ← dividende / diviseur %
                quotient ← 0
                reste ← dividende
                Tant que reste ≥ diviseur
                        reste ← reste – diviseur
                        quotient ← quotient + 1
                Fin tant que
        Fin Si
        Afficher("Le quotient de ", dividende, " par ", diviseur, " est ", quotient, " avec pour reste ", reste)
Fin
```

3- Autre exemple avec suivi des quatre (04) étapes de rédaction d'un algorithme

a- Calcul de la factorielle d'un nombre saisi par l'utilisateur

Énoncé : Il s'agit d'écrire un algorithme qui demandera à un utilisateur d'entrer un (01) nombre et d'afficher à l'écran la factorielle de ce nombre.

NB : Se rassurer que le nombre saisi soit un entier positif.

<u>Étape 1</u> : Comprendre le problème soulevé

Calculer et afficher à l'écran la factorielle d'un nombre saisi par l'utilisateur, après s'être rassuré que ce soit un entier strictement positif.

<u>Étape 2</u> : Résoudre le problème soulevé

Nous allons réaliser cette étape en deux (02) phases :

- Identification des étapes clés dans l'exécution de l'algorithme
- Analyse de la problématique posée (afin de proposer une solution viable)

1) Étapes clés de l'algorithme

- Récupérer un (01) nombre saisi par l'utilisateur
- Se rassurer que le nombre saisi soit un entier positif c.à.d. supérieur ou égal à 0
- Calculer et afficher la factorielle du nombre saisi

<u>Problématique fondamentale à résoudre ici</u> : « Comment calculer la factorielle d'un nombre ? »

2) Analyse : Réponse à la problématique principale

En mathématiques, la factorielle d'un entier naturel n est le produit des nombres entiers strictement positifs inférieurs ou égaux à n.

Cette opération est notée avec un **point d'exclamation**, n!, ce qui se lit soit « factorielle de n », soit « factorielle n », soit « n factorielle » [5].

<u>Illustration</u> : $n ! = n \times (n-1) \times (n-2) \times ... \times 3 \times 2 \times 1 = 1 \times 2 \times 3 \times ... \times (n-2) \times (n-1) \times n$

<u>Exemple</u>: $7 ! = 7 \times 6 \times 5 \times 4 \times 3 \times 2 \times 1 = 1 \times 2 \times 3 \times 4 \times 5 \times 6 \times 7 = 5040$

<u>Cas particulier</u> : $0 ! = 1$ et $1 ! = 1$

<u>Étape 3</u> : Transcrire la résolution du problème en algorithme

Nous allons la découper en deux (02) points :

- Identification des outils nécessaires pour l'implémentation de la solution illustrée ci-dessus
- Rédaction de l'algorithme

1) Identification des outils nécessaires

- Récupérer un nombre saisi par l'utilisateur
    - Utiliser une (01) variable afin de stocker le nombre saisi
    - Demander à l'utilisateur de saisir le nombre à l'aide de la fonction d'écriture
    - Récupérer et stocker le nombre dans la variable à l'aide de la fonction de lecture

- Se rassurer que le nombre saisi soit supérieur ou égal à 0
    - Se servir d'une structure conditionnelle afin de vérifier si le nombre saisi n'est pas supérieur ou égal à 0 : **Si** ou **Selon**
        - Avons-nous une liste de choix ? Non, alors utiliser « Si »
        - Opérateur de comparaison : <
    - Se servir d'une structure itérative afin de répéter la récupération d'un nombre à l'utilisateur aussi longtemps qu'il ne correspond pas au critère « supérieur ou égal à 0 » : Pour, Tant que, Faire…tant que/Répéter…jusqu'à
        - Est-ce que le nombre d'itérations est connu à l'avance ? Non, alors « Pour » est exclu
        - Est-ce que l'instruction à itérer doit s'exécuter au moins une fois ? Oui, alors il est recommandé de :
            - Utiliser « Faire…tant que » avec une condition d'exécution : condition cible non atteinte (le nombre saisi n'est pas supérieur ou égal à 0, il est donc strictement inférieur à 0)
                - Opérateur de comparaison : <
            - Ou utiliser « Répéter…jusqu'à » avec une condition d'arrêt : condition cible atteinte (le nombre saisi est supérieur ou égal à 0)
                - Opérateur de comparaison : ≥

- Calculer et afficher la factorielle d'un (01) nombre : il s'agit notamment du produit des nombres entiers strictement positifs inférieurs ou égaux à n
    - Utiliser l'opérateur arithmétique de multiplication : ×
    - Se servir d'une structure conditionnelle afin de vérifier si le nombre saisi égal à 0 ou à 1 : **Si** ou **Selon**

    - Avons-nous une liste de choix ? Oui, mais pas très pertinente, alors utiliser « Si » (Mais Selon peut donc être utilisé également)
    - Opérateur de comparaison : =
    - Usage du bloc « **Sinon** » pour gérer le cas échéant
  - Se servir d'une structure itérative afin de répéter successivement l'opération de multiplication des nombres inférieurs ou égaux au nombre saisi (soit de manière croissante c.à.d. de 1 jusqu'au nombre ou alors de manière décroissante c.à.d. du nombre jusqu'à 1) : Pour, Tant que, Faire...tant que/Répéter...jusqu'à
    - Est-ce que le nombre d'itérations est connu à l'avance ? Oui, alors « Pour » est recommandé
  - Se servir d'une variable afin de stocker le résultat des multiplications successives
    - Cette variable doit être initialisée à 1 car c'est l'élément neutre de la multiplication.
  - Utiliser la fonction d'écriture pour afficher le résultat à l'écran

2) Rédaction de l'algorithme

```
Algorithme Factorielle d'un entier

Variables :
        nombre, factorielle, compteur: Entier
Début

        Afficher ("**** Bienvenu(e) dans notre application de factorielle ****")
        Faire
                Afficher ("Veuillez entrer un nombre entier : ")
                Saisir(nombre)
                Si (nombre < 0) alors
                        Écrire ("Désolé, mais le nombre doit être supérieur ou égal à 0.")
                Fin Si
        Tant que (nombre < 0)
        Si nombre = 0 ou nombre = 1 alors
                factorielle ← 1
        Sinon
                factorielle ← 1
                Pour compteur allant de 2 jusqu'à nombre alors
                        factorielle ← factorielle × compteur
                Fin Pour

                Co
                        Pour compteur allant de nombre jusqu'à 2 pas de -1 alors
                                factorielle ← factorielle × compteur
                        Fin Pour
                        // Autre proposition avec « Faire … Tant que »
                        compteur ← nombre
                        Faire
                                factorielle ← factorielle × compteur
                                compteur ← compteur – 1
                        Tant que compteur > 1
                Fin Co
        Fin Si
        Afficher("La factorielle de ", nombre, " est : ", factorielle)
Fin
```

Étape 4 : Réaliser la trace de l'algorithme

1) Déclaration des variables

Espace mémoire	nombre	factorielle	compteur
Valeur stockée			

2) Exécution du corps (ligne par ligne)

Nous allons attribuer des lettres à chaque ligne A, B, C, D... afin de simplifier la trace

1 : A- Afficher ("**** Bienvenu(e) dans notre application de factorielle ****")

Affichage à l'écran
**** Bienvenu(e) dans notre application de factorielle ****

2 : B - Faire

Aucune action, avancée vers la prochaine instruction.

3 : C- Afficher ("Veuillez entrer un nombre entier : ")

Affichage à l'écran
Veuillez entrer un nombre entier :

4 : D - Saisir(nombre)

Supposons que l'utilisateur ait saisi **-13**

Espace mémoire	nombre	factorielle	compteur
Valeur stockée	**-13**		

5 : E - Si (nombre < 0) alors

Application de la comparaison avec la valeur stockée dans la variable nombre : -13

-13 < 0 retourne « vrai », alors l'exécution se poursuit dans le corps de la structure Si

6 : F - Écrire ("Désolé, mais le nombre doit être supérieur ou égal à 0.")

Affichage à l'écran
Désolé, mais le nombre doit être supérieur ou égal à 0.

7 : G - Fin Si

Aucune action, avancée vers la prochaine instruction.

8 : H - Tant que (nombre < 0)

Application de la comparaison avec la valeur stockée dans la variable nombre : -13

-13 < 0 retourne « vrai » : la condition d'exécution de « Faire...tant que » étant vérifiée (vrai) alors l'exécution se poursuit par une nouvelle itération de la boucle. => Retour à l'instruction B.

9 : B – Faire

Aucune action, avancée vers la prochaine instruction : nouvelle exécution de la boucle.

10 : C- Afficher ("Veuillez entrer un nombre entier : ")

Affichage à l'écran
Veuillez entrer un nombre entier :

11 : D - Saisir(nombre)

Supposons que l'utilisateur ait saisi **5**

Espace mémoire	nombre	factorielle	compteur
Valeur stockée	~~13~~ 5		

12 : E - Si (nombre < 0) alors

Application de la comparaison avec la valeur stockée dans la variable nombre : 5

5 < 0 retourne « faux », alors l'exécution ne se poursuit pas dans le corps de la structure Si.

13 : G - Fin Si

Aucune action, avancée vers la prochaine instruction.

14 : H - Tant que (nombre < 0)

Application de la comparaison avec la valeur stockée dans la variable nombre : 5

5 < 0 retourne « faux » : la condition d'exécution de « Faire…tant que » n'étant pas vérifiée (faux) alors l'exécution se poursuit à l'instruction après la boucle.

15 : I – Si nombre = 0 ou nombre = 1 alors

5 = 0 ou 5 = 1 retourne « faux », alors l'exécution ne se poursuit pas dans le corps de la structure Si. Mais le bloc « Sinon » étant présent, alors l'exécution se poursuivra dessus.

Remarque : Bien que les instructions de la structure ne s'exécutent pas, elles sont néanmoins numérotées.

> I - Si nombre = 0 ou nombre = 1 alors
>
> J - factorielle ← 1
>
> K - Sinon

16 : K- Sinon

La condition « Si » étant faux, alors les instructions du bloc « Sinon » seront exécutées.

17 : L - factorielle ← 1

Espace mémoire	nombre	factorielle	compteur
Valeur stockée	5	1	

18 : M - Pour compteur allant de 2 jusqu'à nombre alors

Traduction : Compteur allant de 2 jusqu'à 5 pas de 1. La valeur finale (5) étant supérieure à la valeur de départ (2), alors la boucle s'exécutera et compteur prendra successivement les valeurs 2, 3, 4 et 5. L'exécution se poursuit donc dans la boucle pour avec compteur ayant la valeur de départ 2.

Espace mémoire	nombre	factorielle	compteur
Valeur stockée	5	1	2

19 : N - factorielle ← factorielle × compteur

La variable factorielle prend la valeur du produit de sa valeur actuelle (1) avec la valeur actuelle de compteur (2) : « 1 × 2 = 2 ».

Espace mémoire	nombre	factorielle	compteur
Valeur stockée	5	2	2

20 : M - Pour compteur allant de 2 jusqu'à nombre alors

En fait, on somme la valeur courante de compteur (2) avec le pas d'incrémentation (1) : « 2 + 1 = 3 ». 3 ≤ 5 : « vrai », 3 est inférieur à la valeur finale (5) donc nouvelle itération de la boucle « Pour » où compteur a la valeur 3.

Espace mémoire	nombre	factorielle	compteur
Valeur stockée	5	2	3

21 : N - factorielle ← factorielle × compteur

La variable factorielle prend la valeur du produit de sa valeur actuelle (2) avec la valeur actuelle de compteur (3) : « 2 × 3 = 6 ».

Espace mémoire	nombre	factorielle	compteur
Valeur stockée	5	6	3

22 : M - Pour compteur allant de 2 jusqu'à nombre alors

On somme la valeur courante de compteur (3) avec le pas d'incrémentation (1) : « 3 + 1 = 4 ». 4 ≤ 5 : « vrai », 4 est inférieur à la valeur finale (5) donc nouvelle itération de la boucle « Pour » où compteur a la valeur 4.

Espace mémoire	nombre	factorielle	compteur
Valeur stockée	5	6	4

23 : N - factorielle ← factorielle × compteur

La variable factorielle prend la valeur du produit de sa valeur actuelle (6) avec la valeur actuelle de compteur (4) : « 6 × 4 = 24 ».

Espace mémoire	nombre	factorielle	compteur
Valeur stockée	5	24	4

24 : M - Pour compteur allant de 2 jusqu'à nombre alors

On somme la valeur courante de compteur (4) avec le pas d'incrémentation (1) : « 4 + 1 = 5 ». 5 ≤ 5 : « vrai », 5 est égal à la valeur finale (5) donc nouvelle itération de la boucle « Pour » où compteur a la valeur 5.

Espace mémoire	nombre	factorielle	compteur
Valeur stockée	5	24	5

25 : N - factorielle ← factorielle × compteur

La variable factorielle prend la valeur du produit de sa valeur actuelle (24) avec la valeur actuelle de compteur (5) : « 24 × 5 = 120 ».

Espace mémoire	nombre	factorielle	compteur
Valeur stockée	5	120	5

26 : M - Pour compteur allant de 2 jusqu'à nombre alors

On somme la valeur courante de compteur (5) avec le pas d'incrémentation (1) : « 5 + 1 = 6 ». 6 ≤ 5 : « faux », 6 n'est pas égal à la valeur finale (5) donc pas de nouvelle itération de la boucle « Pour ».

27 : O – Fin Pour

Aucune action, avancée vers la prochaine instruction.

Remarque : Les commentaires sont ignorés lors de la trace.

28 : P - Fin Si

Aucune action, avancée vers la prochaine instruction.

29 : Q - Afficher("La factorielle de ", nombre, " est : ", factorielle)

Affichage à l'écran
La factorielle de **5** est : **120**

30 : Fin du programme

<u>Conclusion</u> : Après vérification, la factorielle de 5 est bien 120. Cette trace nous permet donc de confirmer le bon fonctionnement de l'algorithme. Si un comportement inapproprié avait été observé alors nous aurions été dans l'obligation d'analyser de nouveau le problème soulevé, la solution et les outils choisis, afin d'appliquer les corrections nécessaires.

<u>NB</u> : Il est toujours préférable de réaliser une trace couvrant l'ensemble des cas possibles afin de s'assurer que l'algorithme tient compte des différents scénarios possibles. Par exemple, il aurait été judicieux de tester les cas où « nombre » (instruction **D**) se verrait affecter les valeurs 0 et 1.

3) Aperçu complet de l'écran

Référence	Affichage complet à l'écran
1 : A	**** Bienvenu(e) dans notre application de factorielle ****
3 : C	Veuillez entrer un nombre entier :
4 : D	**-13**
6 : F	Désolé, mais le nombre doit être supérieur ou égal à 0.
10 : C	Veuillez entrer un nombre entier :
11 : D	**5**
29 : Q	La factorielle de 5 est : 120

<u>NB</u> : Les références en **gras** et les éléments en **surbrillance** désignent les saisies de l'utilisateur (fonction de lecture) qui se distinguent des autres éléments qui sont automatiquement affichés par le programme via la fonction d'écriture.

b- Exemple d'optimisation : Cas de l'algorithme de calcul de la factorielle

Il est possible d'optimiser davantage l'algorithme précédent. Mais le but principal de ce document est d'exposer au lecteur une méthodologie de rédaction d'algorithme fonctionnel, c'est pourquoi nous essayons de privilégier des algorithmes simples bien que non *optimisés* parfois.

Voici une démarche d'optimisation de l'algorithme précédent de calcul de la factorielle en l'observant de plus près :

1) Tout d'abord, l'instruction « factorielle ← 1 » se répète dans les deux (02) blocs du « Si…Fin Si », donc il suffirait de la placer juste avant la structure conditionnelle. Vu que c'est la seule instruction dans le bloc « Si », on pourrait raccourcir la structure avec uniquement le cas « Sinon », en redéfinissant la condition du « Si » comme suit :

```
factorielle ← 1
Si nombre > 1 alors
        Pour compteur allant de 2 jusqu'à nombre alors
                factorielle ← factorielle × compteur
        Fin Pour
Fin Si
```

2) Sachant que le bloc « **Pour…Fin pour** » pourrait ne pas s'exécuter selon l'intervalle défini, il serait même possible d'éliminer la structure « **Si…Fin Si** ». En effet, lorsque la *valeur finale* est inférieure à la *valeur initiale*, alors les instructions de la boucle « Pour » ne s'exécutent même pas une fois. En d'autres termes, si *nombre* a la valeur **0** ou **1**, alors la structure ne s'exécutera pas. Ce qui signifie que la boucle s'exécutera uniquement lorsque la valeur de « *nombre* » sera **supérieure à 1**. En conclusion, la condition « Si nombre > 1 alors » n'est plus pertinente et elle peut donc être retirée. Nous obtenons le code simplifié suivant :

```
factorielle ← 1
Pour compteur allant de 2 jusqu'à nombre alors
        factorielle ← factorielle × compteur
Fin Pour
```

L'objectif principal de ce document est de vous présenter une méthodologie de rédaction d'algorithme à travers quatre (04) étapes. Dans ce chapitre, nous nous sommes explicitement servis de cette « *formule* » que nous proposons afin de rédiger plusieurs algorithmes. Nous vous avons illustré un aperçu clair des actions à réaliser à chaque étape dans le but d'aboutir à un algorithme fonctionnel répondant au besoin posé.

Nous avons également légèrement abordé la notion d'optimisation (performance) dans le processus d'analyse. Par la suite, nous avons dévoilé un exemple d'optimisation d'un algorithme existant dans le but d'aboutir à un algorithme ne comportant pas d'instructions dispensables.

Le prochain chapitre dévoilera des outils supplémentaires qui interviennent assez fréquemment dans la rédaction des algorithmes.

Chapitre 5

Autres outils supplémentaires

Les outils (notions) révélés jusqu'ici permettent déjà d'écrire plusieurs algorithmes traitant de problématiques variées. Toutefois, il en existe d'autres qui viendront accroître les champs de possibilité. Nous en présentons quelques-uns dans les sections ci-dessous.

Il est malgré tout primordial de rappeler que le but de ce document est de présenter **une méthodologie de rédaction d'un algorithme**. Donc n'hésitez pas à mieux vous documenter pour en savoir plus sur les différents outils présentés ici et/ou en découvrir davantage, mais aussi et surtout pour aborder des concepts supplémentaires tels que les **listes chaînées, les arbres, les complexités**, et bien d'autres.

I- Les fonctions et les procédures

Il arrive qu'un algorithme comporte des blocs d'instructions qui se répètent plusieurs fois à des lignes distinctes et qui sont notamment séparés par d'autres instructions différentes. Cela concourt à rallonger le code pouvant le rendre plus complexe à comprendre. Aussi, en cas de modification, il ne faudrait surtout pas oublier d'appliquer la modification aux différents emplacements.

Il est possible de rassembler ces blocs de code redondants en un seul bloc, généralement appelé « **fonction** », pouvant simplement être invoqué en lieu et place où les blocs d'instructions se répétaient.

Cela contribue non seulement à simplifier la compréhension du code mais aussi et surtout sa maintenance. En effet, en cas de modification, la modification s'effectuera à une seule place désormais.

Au-delà de cette redondance dans le code, il est parfois intéressant de regrouper un ensemble d'instructions concourant à un sous-objectif unique (commun) dans une fonction. Tel que formulé dans la description de l'étape 2 intitulée **Résoudre le problème soulevé** (« C'est à cette étape, qu'il faut penser à subdiviser le problème si nécessaire pour en faciliter la résolution. »), il est parfois nécessaire de découper le problème principal en plusieurs sous-problèmes. Cette subdivision peut être réalisée en créant des fonctions qui résolvent chacune un sous-problème unique, permettant ainsi la résolution du problème principal lorsqu'elles sont combinées.

Une **fonction** pourrait donc se définir comme un sous-algorithme permettant de résoudre un problème précis, et devant être invoqué par un algorithme principal.

En dehors des variables pouvant être définies dans le corps d'une fonction et accessibles uniquement dans celle-ci, il est possible de définir des éléments dits « ***paramètres*** » lors de la définition de la fonction.

Des valeurs doivent être renseignés en lieu et place des paramètres lors de l'appel de la fonction tout en respectant le type indiqué lors de leur définition. D'ailleurs lors de l'appel, on parle généralement « d'***arguments*** » et non plus de paramètres.

1- Les fonctions

Une fonction est une suite d'instructions visant à résoudre un problème précis et qui permet de retourner une valeur à l'algorithme qui l'invoque.

a- Structure d'une fonction

Elle se rapproche fortement de celle d'un algorithme :

```
Fonction {Nom de la fonction} ([déclaration des paramètres]) : {Type de retour}
[Zone de déclaration des variables et des constantes]
Début
        {Ensemble d'instructions}
        Retourne {valeur retournée}
Fin
```

La déclaration des paramètres s'effectue comme suit :

```
paramètre1 : type du paramètre1, paramètre2 : type du paramètre2, …, paramètreN : type du paramètreN
```

b- Exemple : Addition de deux (02) nombres

```
Fonction Addition (nombreA : Entier, nombreB : Entier) : Entier
Variables :
        somme : Entier
Début
        somme ← nombreA + nombreB
        Retourne somme
        % on aurait directement pu retourner « nombreA + nombreB » sans utiliser somme %
Fin
```

c- Appel d'une fonction

```
{Nom de la fonction} ([passage des arguments])
```

L'appel d'une fonction se fait avec des parenthèses vides si sa définition ne comporte pas d'arguments. Sinon, il faudra indiquer les arguments comme suit (tout en respectant les types précisés à la définition de la fonction : encore appelée « **signature de la fonction** ») :

```
argument1, argument2, …, argumentN
```

NB : Dans la plupart des cas, l'appel de la fonction se fait dans une opération d'affection.

d- Exemple d'appel d'une fonction

On va supposer que :

- les trois (03) variables suivantes ont été déclarées au préalable : *n1*, *n2* et *resultat*
- la fonction **Addition** a été définie comme illustrée dans l'exemple précédent (I-1-b)

```
resultat ← Addition(n1, n2)
```

2- Les procédures

Une procédure est une suite d'instructions visant à résoudre un problème précis et qui peut être invoqué par un autre algorithme.

Les procédures sont à l'image des fonctions mais se distinguent de celles-ci par le fait qu'elles ne retournent aucune valeur contrairement aux fonctions.

a- Structure d'une procédure

La structure d'une procédure se rapproche fortement de celle d'un algorithme et/ou de celle d'une fonction :

```
Procédure {Nom de la procédure} ([déclaration des paramètres])
[Zone de déclaration des variables et des constantes]
Début
        {Ensemble d'instructions}
Fin
```

b- Exemple : Addition de deux (02) nombres

```
Procédure Addition (a : Entier, b : Entier)
Variables :
        somme : Entier
Début
        somme ← a + b
        Afficher("Le résultat de la somme de ", a, " et ", b, " est : ", somme)
        % on aurait directement pu afficher « a + b » sans utiliser somme %
Fin
```

c- Appel d'une procédure

```
{Nom de la procédure} ([passage des arguments])
```

Tout comme pour les fonctions, l'appel d'une procédure se fait avec des parenthèses vides si sa définition ne comporte pas d'arguments. Sinon, il faudra indiquer les arguments comme suit (tout en respectant les types précisés à la définition de la procédure : encore appelée « **signature de la procédure** ») :

```
argument1, argument2, …, argumentN
```

d- Exemple d'appel d'une procédure

On va supposer que :

- les deux (02) variables suivantes ont été déclarées au préalable : *n1* et *n2*
- la procédure **Addition** a été définie comme illustrée dans l'exemple précédent (I-2-b)

```
Addition(n1, n2)
```

3- Structure d'un algorithme avec des fonctions

La définition des fonctions se fait au niveau du bloc de déclarations, de préférence avant la déclaration des variables. Ainsi lors de l'écriture du corps de l'algorithme, les variables sont plus visibles car elles sont déclarées juste avant le corps (Début).

En-tête	Algorithme {Nom de l'algorithme}
Bloc de déclarations	[Zone de déclaration des fonctions et des procédures] [Zone de déclaration des variables et des constantes]
Corps	Début {Ensemble d'instructions} Fin

a- Exemple : Première réécriture de l'algorithme d'addition de 02 nombres saisis par l'utilisateur et devant être strictement inférieurs à 50 chacun

```
Algorithme Addition de deux nombres strictement inférieurs à 50

Procédure Addition (a : Entier, b : Entier)
Variables :
        somme : Entier
Début
        somme ← a + b
        Afficher("La somme de ", a, " et ", b, " est : ", somme)
        % on aurait directement pu afficher « a + b » sans utiliser somme %
Fin

Constantes :
        limite = 50
Variables :
        nombreA, nombreB: Entier
Début
        Afficher ("**** Bienvenu(e) dans notre application d'addition ****")
        Faire
                Afficher ("Veuillez entrer un premier nombre entier strictement inférieur à ", limite, " : ")
                Saisir(nombreA)
                Si (nombreA ≥ limite) alors
                        Afficher ("Désolé, mais le nombre doit être strictement inférieur à ", limite, ".")
                Fin Si
        Tant que (nombreA ≥ limite)

        Note : Nous utilisons Répéter…jusqu'à pour le second cas juste par démonstration
        Repéter
                Afficher ("Veuillez entrer un second nombre entier strictement inférieur à ", limite, " : ")
                Saisir(nombreB)
                Si (nombreB ≥ limite) alors
                        Afficher ("Désolé, mais le nombre doit être strictement inférieur à ", limite, ".")
                Fin Si
        Jusqu'à (nombreB < limite) % condition d'arrêt à l'opposé de la condition d'exécution %

        Addition(nombreA, nombreB)
Fin
```

b- Exemple : Seconde réécriture de l'algorithme d'addition de 02 nombres saisis par l'utilisateur et devant être strictement inférieurs à 50 chacun

On remarque dans l'algorithme précédent des redondances (répétitions) notamment au niveau de la récupération du nombre saisi par l'utilisateur et de la vérification de sa valeur (strictement inférieur à 50). Il est donc possible de définir une fonction afin d'englober cette logique.

```
Algorithme Addition de deux nombres strictement inférieurs à 50
Procédure Addition (a : Entier, b : Entier)
Variables :
        somme : Entier
Début
        somme ← a + b
        Afficher("La somme de ", a, " et ", b, " est : ", somme)
        % on aurait directement pu afficher « a + b » sans utiliser somme %
Fin

Fonction SaisieEntierInferieurAMax (libellé : chaîne, max : Entier) : Entier
Variables :
        nombre: Entier
Début
        Faire
                Afficher ("Veuillez entrer un ", libellé, " nombre entier strictement inférieur à ", max, " : ")
                Saisir(nombre)
                Si (nombre ≥ max) alors
                        Afficher ("Désolé, mais le nombre doit être strictement inférieur à ", max, ".")
                Fin Si
        Tant que (nombre ≥ max)
        % on aurait pu utiliser la boucle Répéter…Jusqu'à avec une condition d'arrêt %
        retourne nombre
Fin

Constantes :
        limite = 50
Variables :
        nombreA, nombreB: Entier
Début
        Afficher ("**** Bienvenu(e) dans notre application d'addition ****")
        nombreA ← SaisieEntierInferieurAMax("premier", limite)
        nombreB ← SaisieEntierInferieurAMax("second", limite)

        Addition(nombreA, nombreB)
Fin
```

Observations :

- Le corps de l'algorithme principal comporte très peu d'instructions
- Il n'y a plus de répétitions dans le code
- Les problématiques principales de l'algorithme sont gérées chacune par une fonction
- En cas de soucis (bug éventuellement), on connait mieux dans quel segment du code regarder en fonction de l'évènement déclencheur du problème
- Afin d'avoir plus de flexibilité, nous avons préféré définir la limite comme étant un paramètre de la fonction « **SaisieEntierInferieurAMax** » et non pas comme une constante de cette fonction. En effet, imaginons que la limite soit désormais saisie par l'utilisateur, cela n'aurait aucun impact sur notre fonction. Nous allons uniquement définir la constante « limite » comme étant désormais une variable de l'algorithme de base et lui affecterons une valeur saisie par l'utilisateur. Et elle sera toujours passée comme argument lors de l'appel de la fonction « **SaisieEntierInferieurAMax** ».
- « **Addition** » aurait pu être définie comme une fonction (qui retourne directement le résultat de la somme) et l'instruction d'affichage déplacée dans l'algorithme de base après récupération du résultat via l'appel de la fonction nouvellement redéfinie.

Trace de la seconde réécriture de l'algorithme d'addition de 02 nombres saisis par l'utilisateur et devant être strictement inférieurs à 50 chacun :

1) Déclaration des constantes et des variables

Espace mémoire	limite	nombreA	nombreB
Valeur stockée	50		

2) Exécution du corps (ligne par ligne)

   Afin de simplifier la trace, nous allons attribuer des lettres à chaque ligne :

- A, B, C, D pour l'algorithme principal
- Ajouter comme préfixe la lettre associée de la ligne d'invocation de la fonction/procédure

1 : A- Afficher ("**** Bienvenu(e) dans notre application d'addition ****")

Affichage à l'écran
**** Bienvenu(e) dans notre application d'addition ****

2 : B - nombreA ← SaisieEntierInferieurAMax("premier", limite)

L'exécution se poursuit dans la fonction « SaisieEntierInferieurAMax » avec pour arguments respectifs : libellé ("premier") et limite (50). Et la valeur retournée sera plus tard affectée à la variable nombreA.

Appel n°1 de la fonction SaisieEntierInferieurAMax			
Espace mémoire	nombre	libellé	max
Valeur stockée		**"premier"**	**50**

3 : B.A- Faire

Aucune action, avancée vers la prochaine instruction.

4 : B.B- Afficher ("Veuillez entrer un ", libellé, " nombre entier strictement inférieur à ", max, " : ")

Affichage à l'écran
Veuillez entrer un **premier** nombre entier strictement inférieur à **50** :

5 : B.C - Saisir(nombre)

Supposons que l'utilisateur ait saisi **59**

Appel n°1 de la fonction SaisieEntierInferieurAMax			
Espace mémoire	nombre	libellé	max
Valeur stockée	**59**	"premier"	50

6 : B.D - Si (nombre ≥ max) alors

Application de la comparaison avec les valeurs stockées dans les variables nombre (59) et max (50)

59 ≥ 50 retourne « vrai », alors l'exécution se poursuit dans le corps de la structure Si

7 : B.E- Afficher ("Désolé, mais le nombre doit être strictement inférieur à ", max, ".")

Affichage à l'écran
Désolé, mais le nombre doit être strictement inférieur à **50**.

8 : B.F - Fin Si

Aucune action, avancée vers la prochaine instruction.

9 : B.G - Tant que (nombre ≥ max)

Application de la comparaison avec les valeurs stockées dans les variables nombre (59) et max (50)

59 ≥ 50 retourne « vrai » : la condition d'exécution de « Faire...tant que » étant vérifiée (vrai) alors l'exécution se poursuit par une nouvelle itération de la boucle. => Retour à l'instruction B.A.

10 : B.A – Faire

Aucune action, avancée vers la prochaine instruction : nouvelle exécution de la boucle.

11 : B.B- Afficher ("Veuillez entrer un ", libellé, " nombre entier strictement inférieur à ", max, " : ")

Affichage à l'écran
Veuillez entrer un **premier** nombre entier strictement inférieur à **50** :

12 : B.C - Saisir(nombre)

Supposons que l'utilisateur ait saisi **19**

Appel n°1 de la fonction SaisieEntierInferieurAMax			
Espace mémoire	nombre	libellé	max
Valeur stockée	**19**	"premier"	50

13 : B.D - Si (nombre ≥ max) alors

Application de la comparaison avec les valeurs stockées dans les variables nombre (19) et max (50)

19 ≥ 50 retourne « faux », alors l'exécution ne se poursuit pas dans le corps de la structure Si

14 : B.F - Fin Si

Aucune action, avancée vers la prochaine instruction.

15 : B.G - Tant que (nombre ≥ max)

Application de la comparaison avec les valeurs stockées dans les variables nombre (19) et max (50)

19 ≥ 50 retourne « faux » : la condition d'exécution de « Faire…tant que » n'étant pas vérifiée (faux) alors l'exécution se poursuit à l'instruction après la boucle.

Remarque : Les commentaires sont ignorés lors de la trace.

16 : B.H - retourne nombre

La fonction retourne la valeur contenue dans la variable nombre (19) à l'algorithme d'appel.

17 : B - nombreA ← SaisieEntierInferieurAMax("premier", limite)

On assigne à la variable nombreA la valeur retournée par la fonction (19).

Espace mémoire	limite	nombreA	nombreB
Valeur stockée	50	**19**	

18 : C - nombreB ← SaisieEntierInferieurAMax("second", limite)

L'exécution se poursuit dans la fonction « SaisieEntierInferieurAMax » avec pour arguments respectifs : libellé ("second") et limite (50). Et la valeur retournée sera plus tard affectée à la variable nombreB.

Appel n°2 de la fonction SaisieEntierInferieurAMax			
Espace mémoire	nombre	libellé	max
Valeur stockée		**"second"**	**50**

19 : C.A- Faire

Aucune action, avancée vers la prochaine instruction.

20 : C.B- Afficher ("Veuillez entrer un ", libellé, " nombre entier strictement inférieur à ", max, " : ")

Affichage à l'écran
Veuillez entrer un **second** nombre entier strictement inférieur à **50** :

21 : C.C - Saisir(nombre)

Supposons que l'utilisateur ait saisi **33**

Appel n°2 de la fonction SaisieEntierInferieurAMax			
Espace mémoire	nombre	libellé	max
Valeur stockée	33	"second"	50

22 : C.D - Si (nombre ≥ max) alors

Application de la comparaison avec les valeurs stockées dans les variables nombre (33) et max (50)

33 ≥ 50 retourne « faux », alors l'exécution ne se poursuit pas dans le corps de la structure Si

23 : C.F - Fin Si

Aucune action, avancée vers la prochaine instruction.

24 : C.G - Tant que (nombre ≥ max)

Application de la comparaison avec les valeurs stockées dans les variables nombre (33) et max (50)

33 ≥ 50 retourne « faux » : la condition d'exécution de « Faire...tant que » n'étant pas vérifiée (faux) alors l'exécution se poursuit à l'instruction après la boucle.

Remarque : Les commentaires sont ignorés lors de la trace.

25 : C.H - retourne nombre

La fonction retourne la valeur contenue dans la variable nombre (33) à l'algorithme d'appel.

26 : C - nombreB ← SaisieEntierInferieurAMax("second", limite)

On assigne à la variable nombreB la valeur retournée par la fonction (33).

Espace mémoire	limite	nombreA	nombreB
Valeur stockée	50	19	**33**

27 : D - Addition(nombreA, nombreB)

L'exécution se poursuit dans la procédure « Addition » avec pour arguments respectifs : nombreA (19) et nombreB (33).

Appel n°1 de la procédure Addition			
Espace mémoire	a	b	somme
Valeur stockée	**19**	**33**	

28 : D.A - somme ← a + b

- Exécution de l'opération d'addition avec les valeurs stockées dans les variables a (19) et b (33) : 19 + 33 = **52**
- Affectation du résultat de l'opération d'addition (52) dans la variable « somme »

Appel n°1 de la procédure Addition			
Espace mémoire	a	b	somme
Valeur stockée	19	33	**52**

29 : D.B - Afficher("La somme de ", a, " et ", b, " est : ", somme)

Affichage à l'écran
La somme de **19** et **33** est : **52**

30 : D - Addition(nombreA, nombreB)

L'exécution du programme se poursuit dans l'algorithme principal.

31 : Fin du programme

Conclusion : Après vérification, le résultat de l'addition de 19 et de 33 est bien 52. Cette trace nous permet donc de confirmer le bon fonctionnement de l'algorithme. Si un comportement inapproprié avait été observé alors nous aurions été dans l'obligation d'analyser de nouveau le problème soulevé, la solution et les outils choisis, afin d'appliquer les corrections nécessaires.

3) Aperçu complet de l'écran

Référence	Affichage complet à l'écran
1 : A	**** Bienvenu(e) dans notre application d'addition ****
4 : B.B	Veuillez entrer un **premier** nombre entier strictement inférieur à **50** :
5 : B.C	**59**
7 : B.E	Désolé, mais le nombre doit être strictement inférieur à **50**.
11 : B.B	Veuillez entrer un **premier** nombre entier strictement inférieur à **50** :
12 : B.C	**19**
20 : C.B	Veuillez entrer un **second** nombre entier strictement inférieur à **50** :
21 : C.C	**33**
29 : D.B	La somme de **19** et **33** est : **52**

NB : Les références en **gras** et les éléments en **surbrillance** désignent les saisies de l'utilisateur (fonction de lecture) qui se distinguent des autres éléments qui sont automatiquement affichés par le programme via la fonction d'écriture.

4- La récursivité

Comme souligné plus haut, il est possible pour une fonction d'être invoquée dans une autre fonction (différente de l'algorithme principal). Et dans le même sens, il est possible pour une fonction de s'invoquer elle-même : on parle alors de **récursivité**.

On pourrait donc définir la ***récursivité*** comme étant l'aptitude que possède une fonction de s'auto-invoquer.

a- Exemple : Calcul de la factorielle avec le principe de récursivité

L'un des exemples courants permettant d'illustrer la récursivité est le calcul de la factorielle. En effet, tout s'explique dans l'une de ses formules de calcul, à savoir :

« **n ! = n × (n-1) !** »

On peut clairement voir que factorielle apparait dans sa propre formule de calcul. Une autre écriture valide plus parlante serait : « factorielle(n) = n × factorielle(n-1) ».

L'autre élément qui nous aidera dans la rédaction de cette fonction est : « 0 ! = 1 ».

NB : Nous allons supposer dans la rédaction de cette fonction que la vérification que « n » est un entier supérieur ou égal à 0 va être faite avant l'appel de la fonction.

```
Fonction Factorielle (n : Entier) : entier
Début
        Si n = 0 alors
                retourne 1
        Sinon
                retourne (n × Factorielle(n-1))
        Fin Si
Fin
```

b- Exemple : Réécriture de l'algorithme du calcul de la factorielle avec usage de la fonction

```
Algorithme Factorielle d'un entier
Fonction Factorielle (n : Entier) : entier
Début
        Si n = 0 alors
                retourne 1
        Sinon
                retourne (n × Factorielle(n-1))
        Fin Si
Fin
Variables :
        nombre : Entier
Début
        Afficher ("**** Bienvenu(e) dans notre application de calcul de la factorielle ****")
        Faire
                Afficher ("Veuillez entrer un nombre entier positif : ")
                Saisir(nombre)
                Si (nombre < 0) alors
                        Écrire ("Désolé, mais le nombre doit être supérieur ou égal à 0.")
                Fin Si
        Tant que (nombre < 0)

        Afficher("La factorielle de ", nombre, " est : ", Factorielle(nombre))
Fin
```

c- Trace de la réécriture de l'algorithme de calcul de la factorielle avec l'usage d'une fonction récursive

1) Déclaration des constantes et des variables

Espace mémoire	nombre
Valeur stockée	

2) Exécution du corps (ligne par ligne)

Afin de simplifier la trace, nous allons attribuer des lettres à chaque ligne :

- A, B, C, D pour l'algorithme principal
- Ajouter comme préfixe la lettre associée de la ligne d'invocation de la fonction/procédure

1 : A- Afficher ("**** Bienvenu(e) dans notre application de calcul de la factorielle ****")

Affichage à l'écran
**** Bienvenu(e) dans notre application de calcul de la factorielle ****

2 : B- Faire

Aucune action, avancée vers la prochaine instruction.

3 : C- Afficher ("Veuillez entrer un nombre entier positif : ")

Affichage à l'écran
Veuillez entrer un nombre entier positif :

4 : D - Saisir(nombre)

Supposons que l'utilisateur ait saisi **-3**

Espace mémoire	nombre
Valeur stockée	**-3**

5 : E - Si (nombre < 0) alors

Application de la comparaison avec la valeur stockée dans la variable nombre (-3)

-3 < 0 retourne « vrai », alors l'exécution se poursuit dans le corps de la structure Si

6 : F- Afficher ("Désolé, mais le nombre doit être supérieur ou égal à 0.")

Affichage à l'écran
Désolé, mais le nombre doit être supérieur ou égal à 0.

7 : G - Fin Si

Aucune action, avancée vers la prochaine instruction.

8 : H - Tant que (nombre < 0)

Application de la comparaison avec la valeur stockée dans la variable nombre (-3)

-3 < 0 retourne « vrai » : la condition d'exécution de « Faire...tant que » étant vérifiée (vrai) alors l'exécution se poursuit par une nouvelle itération de la boucle. => Retour à l'instruction B.

9 : B – Faire

Aucune action, avancée vers la prochaine instruction : nouvelle exécution de la boucle.

10 : C- Afficher ("Veuillez entrer un nombre entier positif : ")

Affichage à l'écran
Veuillez entrer un nombre entier positif :

11 : D - Saisir(nombre)

Supposons que l'utilisateur ait saisi **5**

Espace mémoire	nombre
Valeur stockée	**5**

12 : E - Si (nombre < 0) alors

Application de la comparaison avec la valeur stockée dans la variable nombre (5)

5 < 0 retourne « faux », alors l'exécution ne se poursuit pas dans le corps de la structure Si

13 : G - Fin Si

Aucune action, avancée vers la prochaine instruction.

14 : H - Tant que (nombre < 0)

Application de la comparaison avec la valeur stockée dans la variable nombre (5)

5 < 0 retourne « faux » : la condition d'exécution de « Faire...tant que » n'étant pas vérifiée (faux) alors l'exécution se poursuit à l'instruction après la boucle.

Remarque : Les commentaires sont ignorés lors de la trace.

15 : I - Afficher("La factorielle de ", nombre, " est : ", Factorielle(nombre))

L'exécution se poursuit dans la fonction « Factorielle » avec pour argument la variable nombre (5). Et la valeur retournée par la fonction sera plus tard concaténée au reste de la chaîne et le tout sera affiché à l'écran.

Appel n°1 de la fonction Factorielle	
Espace mémoire	n
Valeur stockée	**5**

16 : I.A - Si n = 0 alors

Application de la comparaison avec la valeur stockée dans la variable n (5)

5 = 0 retourne « faux », alors l'exécution ne se poursuit pas dans le bloc Si mais dans le bloc Sinon.

17 : I.C - Sinon

La condition « Si » étant faux, alors les instructions du bloc « Sinon » seront exécutées.

18 : I.D - retourne (n × **Factorielle**(n-1))

L'exécution se poursuit dans la fonction « Factorielle » avec pour argument la différence entre la variable n (5) et 1 : « 5 – 1 = **4** ». Par la suite, la fonction retournera le produit de la valeur retournée par l'appel récursif de la fonction avec la variable n (5).

Appel n°2 de la fonction Factorielle	
Espace mémoire	n
Valeur stockée	**4**

19 : I.D.A - Si n = 0 alors

Application de la comparaison avec la valeur stockée dans la variable n (4)

4 = 0 retourne « faux », alors l'exécution ne se poursuit pas dans le bloc Si mais dans le bloc Sinon.

20 : I.D.C - Sinon

La condition « Si » étant faux, alors les instructions du bloc « Sinon » seront exécutées.

21 : I.D.D - retourne (n × **Factorielle**(n-1))

L'exécution se poursuit dans la fonction « Factorielle » avec pour argument la différence entre la variable n (4) et 1 : « 4 – 1 = **3** ». Par la suite, la fonction retournera le produit de la valeur retournée par l'appel récursif de la fonction avec la variable n (4).

Appel n°3 de la fonction Factorielle	
Espace mémoire	n
Valeur stockée	**3**

22 : I.D.D.A - Si n = 0 alors

Application de la comparaison avec la valeur stockée dans la variable n (3)

3 = 0 retourne « faux », alors l'exécution ne se poursuit pas dans le bloc Si mais dans le bloc Sinon.

23 : I.D.D.C - Sinon

La condition « Si » étant faux, alors les instructions du bloc « Sinon » seront exécutées.

24 : I.D.D.D - retourne (n × Factorielle(n-1))

L'exécution se poursuit dans la fonction « Factorielle » avec pour argument la différence entre la variable n (3) et 1 : « 3 – 1 = 2 ». Par la suite, la fonction retournera le produit de la valeur retournée par l'appel récursif de la fonction avec la variable n (2).

Appel n°4 de la fonction Factorielle	
Espace mémoire	n
Valeur stockée	**2**

25 : I.D.D.D.A - Si n = 0 alors

Application de la comparaison avec la valeur stockée dans la variable n (2)

2 = 0 retourne « faux », alors l'exécution ne se poursuit pas dans le bloc Si mais dans le bloc Sinon.

26 : I.D.D.D.C - Sinon

La condition « Si » étant faux, alors les instructions du bloc « Sinon » seront exécutées.

27 : I.D.D.D.D - retourne (n × **Factorielle**(n-1))

L'exécution se poursuit dans la fonction « Factorielle » avec pour argument la différence entre la variable n (2) et 1 : « 2 – 1 = **1** ». Par la suite, la fonction retournera le produit de la valeur retournée par l'appel récursif de la fonction avec la variable n (1).

Appel n°5 de la fonction Factorielle	
Espace mémoire	n
Valeur stockée	**1**

28 : I.D.D.D.D.A - Si n = 0 alors

Application de la comparaison avec la valeur stockée dans la variable n (1)

1 = 0 retourne « faux », alors l'exécution ne se poursuit pas dans le bloc Si mais dans le bloc Sinon.

29 : I.D.D.D.D.C - Sinon

La condition « Si » étant faux, alors les instructions du bloc « Sinon » seront exécutées.

30 : I.D.D.D.D.D - retourne (n × **Factorielle**(n-1))

L'exécution se poursuit dans la fonction « Factorielle » avec pour argument la différence entre la variable n (1) et 1 : « 1 – 1 = **0** ». Par la suite, la fonction retournera le produit de la valeur retournée par l'appel récursif de la fonction avec la variable n (0).

Appel n°6 de la fonction Factorielle	
Espace mémoire	n
Valeur stockée	**0**

31 : I.D.D.D.D.D.A - Si n = 0 alors

Application de la comparaison avec la valeur stockée dans la variable n (1)

0 = 0 retourne « vrai », alors l'exécution se poursuit dans le bloc Si.

32 : I.D.D.D.D.D.B - retourne 1

La fonction retourne 1 à l'algorithme d'appel (5ième appel de la fonction Factorielle).

33 : I.D.D.D.D.D - retourne (n × **Factorielle**(n-1))

Appel n°5 de la fonction Factorielle	
Espace mémoire	n
Valeur stockée	**1**

La fonction retourne, à l'algorithme d'appel (4ième appel de la fonction Factorielle), le produit de la valeur retournée par le 6ième appel de la fonction « Factorielle » (1) avec la valeur contenue dans la variable n (1) : « 1 x 1 = **1** ».

34 : I.D.D.D.D - retourne (n × **Factorielle**(n-1))

Appel n°4 de la fonction Factorielle	
Espace mémoire	n
Valeur stockée	**2**

La fonction retourne, à l'algorithme d'appel (3ième appel de la fonction Factorielle), le produit de la valeur retournée par le 5ième appel de la fonction « Factorielle » (1) avec la valeur contenue dans la variable n (2) : « 2 x 1 = **2** ».

35 : I.D.D.D - retourne (n × **Factorielle**(n-1))

Appel n°3 de la fonction Factorielle	
Espace mémoire	n
Valeur stockée	**3**

La fonction retourne, à l'algorithme d'appel (2ième appel de la fonction Factorielle), le produit de la valeur retournée par le 4ième appel de la fonction « Factorielle » (2) avec la valeur contenue dans la variable n (3) : « 3 x 2 = **6** ».

36 : I.D.D - retourne (n × **Factorielle**(n-1))

Appel n°2 de la fonction Factorielle	
Espace mémoire	n
Valeur stockée	**4**

La fonction retourne, à l'algorithme d'appel (1er appel de la fonction Factorielle), le produit de la valeur retournée par le 3ième appel de la fonction « Factorielle » (6) avec la valeur contenue dans la variable n (4) : « 4 x 6 = **24** ».

37 : I.D - retourne (n × **Factorielle**(n-1))

Appel n°1 de la fonction Factorielle	
Espace mémoire	n
Valeur stockée	**5**

La fonction retourne, à l'algorithme d'appel (algorithme principal), le produit de la valeur retournée par le 2ième appel de la fonction « Factorielle » (24) avec la valeur contenue dans la variable n (5) : « 5 x 24 = **120** ».

38 : I - Afficher("La factorielle de ", nombre, " est : ", Factorielle(nombre))

Espace mémoire	nombre
Valeur stockée	**5**

La valeur retournée par le 1er appel de la fonction « Factorielle » est concaténée au reste de la chaîne et le tout est affiché à l'écran.

Affichage à l'écran
La factorielle de **5** est : **120**

39 : Fin du programme

Conclusion : Après vérification, la factorielle de 5 est bien 120. Cette trace nous permet donc de confirmer le bon fonctionnement de l'algorithme. Si un comportement inapproprié avait été observé alors nous aurions été dans l'obligation d'analyser de nouveau le problème soulevé, la solution et les outils choisis, afin d'appliquer les corrections nécessaires.

3) Aperçu complet de l'écran

Référence	**Affichage complet à l'écran**
1 : A	**** Bienvenu(e) dans notre application de calcul de la factorielle ****
3 : C	Veuillez entrer un nombre entier positif :
4 : D	**-3**
6 : F	Désolé, mais le nombre doit être supérieur ou égal à 0.
10 : C	Veuillez entrer un nombre entier positif :
11 : D	**5**
38 : I	La factorielle de **5** est : **120**

<u>NB</u> : Les références en gras et les éléments en surbrillance désignent les saisies de l'utilisateur (fonction de lecture) qui se distinguent des autres éléments qui sont automatiquement affichés par le programme via la fonction d'écriture.

II- Les tableaux

En algorithme, un tableau représente une suite d'espaces mémoires consécutifs, d'une taille définie, permettant de stocker des informations de même type. Il se matérialise comme une suite de cellules mémoires identifiables via un indice (numéro) commençant généralement par 0.

<u>Exemple d'illustration d'un tableau de taille 5 :</u>

0	1	2	3	4

Les types de variables que nous avons vu jusqu'ici (entiers, réel, caractère, chaine, booléen), sont qualifiées de « *scalaires* » [6]. En effet, ces variables ne peuvent contenir qu'une information à la fois. Aussitôt qu'on leur affecte une nouvelle valeur, l'ancienne est systématiquement supprimée (remplacée). Or, dans le cadre des tableaux, il s'agit de variables pouvant conserver plusieurs valeurs simultanément, chacune accessible selon un index précis. Néanmoins, ces valeurs doivent être de même type, on parle alors de :

- tableau d'entiers pour le type « entier »
- tableau de réels pour le type « réel »
- tableau de caractères pour le type « caractère »
- tableau de chaines de caractères pour le type « chaine de caractères »
- tableau de booléens pour le type « booléen »

<u>NB</u> : Dans certains langages de programmation, il est possible de définir un tableau pouvant contenir des valeurs de types différents [7].

Il est assez utile en programmation et convient notamment dans les cas où l'on a besoin de manipuler une liste d'informations communes. Plutôt que de créer plusieurs variables dont la manipulation serait ardue et complexe, il serait préférable de définir un tableau d'une taille *t* que nous pourrons manipuler afin de réaliser notre besoin.

1- Syntaxes de déclaration d'un tableau

Syntaxe 1 :

Tableau {nom de la variable}({taille du tableau}) : {type}

Dans ce cas, l'index de départ est automatiquement **0**.

Syntaxe 2 :

Tableau {nom de la variable}({index de départ..index final}) :

2- Exemples de déclaration d'un tableau selon les 02 syntaxes

Syntaxe 1 :

Tableau notes(5) : réel

Syntaxe 2 :

Tableau notes(1..5) : réel

3- Syntaxe d'accès à une cellule précise d'un tableau

{nom de la variable}[{numéro d'index de la cellule ciblée}]

4- Exemple d'accès à une cellule d'un tableau selon les 02 syntaxes

Soit le tableau défini dans l'exemple de déclaration matérialisée comme suit :

1) Tableau notes(5) : réel

0	1	2	3	4
08.5	14	10.25	11	17.75

2) Tableau notes(1..5) : réel

1	2	3	4	5
08.5	14	09.25	11	17.75

Supposons que nous voulons accéder à la **quatrième cellule** de ce tableau (comportant notamment la valeur 11) :

Syntaxe 1 :

notes[3]

Syntaxe 2 :

notes[4]

NB : Nous aurions pu écrire « **notes[3]** » pour le cas 2 si nous avions défini l'index de départ à 0 lors de la déclaration comme ceci : « **Tableau notes(0..4) : réel** ».

5- Exemple d'algorithme manipulant un tableau

Énoncé : Écrire un algorithme qui demande à un utilisateur d'entrer cinq (05) notes d'évaluation comprises entre 0 et 20. Enfin affiche à l'écran la moyenne des notes saisies accompagnée de la mention :

- « ADMIS(E) » si la moyenne est supérieure ou égale à 12
- « RATTRAPAGE » le cas échéant.

Solution :

```
Algorithme Calcul moyenne des notes
Fonction SaisieReelInferieurAMax (numéro : entier, max : réel) : réel
Variables :
        nombre: réel
Début
        Faire
                Afficher ("Veuillez entrer la note n°", numéro, " (nombre réel inférieur à ", max, ") : ")
                Saisir(nombre)
                Si (nombre < 0 ou nombre ≥ max) alors
                        Afficher ("Désolé, mais la note doit être strictement supérieure à 0 et inférieure ou
                        égale à ", max, ".")
                Fin Si
        Tant que (nombre < 0 ou nombre ≥ max)
        % on aurait pu utiliser la boucle Répéter…Jusqu'à avec une condition d'arrêt %
        retourne nombre
Fin
Fonction StatutReussite (limite : réel, note : réel) : chaîne de caractères
Début
        Si note >= limite alors
                retourne "ADMIS(E)"
        Sinon
                retourne "RATTRAPAGE"
        Fin Si
Fin
Constantes :
        max = 20
        seuil = 12
        nombreNotes : 5
Variables :
        Tableau notes(5) : réel
        i : entier
        total : réel
        moyenne : réel
Début
```

```
    Afficher ("**** Bienvenu(e) dans notre application de calcul de la moyenne ****")
    total ← 0

    Co
        - Version avec 05 variables
        note1 ← SaisieReelInferieurAMax (1, max)
        note2 ← SaisieReelInferieurAMax (2, max)
        note3 ← SaisieReelInferieurAMax (3, max)
        note4 ← SaisieReelInferieurAMax (4, max)
        note5 ← SaisieReelInferieurAMax (5, max)
        - Imaginons qu'il faille gérer 20 notes ou plus : il faudrait alors définir autant de
        variables et autant d'opérations d'affectation par la suite: note1, note2, …, note20.
        La définition du tableau nous épargne de ce grand nombre de variables.
    Fin co

    Co
        - Version avec tableau sans boucle Pour
        notes[1] ← SaisieReelInferieurAMax (1, max)
        notes[2] ← SaisieReelInferieurAMax (2, max)
        notes[3] ← SaisieReelInferieurAMax (3, max)
        notes[4] ← SaisieReelInferieurAMax (4, max)
        notes[5] ← SaisieReelInferieurAMax (5, max)
        - Imaginons qu'il faille gérer 20 notes ou plus : il faudrait alors simplement définir la
        taille du tableau à 20 éléments. Cependant, il faudrait toujours dupliquer l'opération
        d'affectation. C'est pourquoi le choix du tableau avec l'usage d'une boucle s'avère être
        le choix optimal.
    Fin co

    Pour i allant de 0 à nombreNotes - 1
        notes[i] ← SaisieReelInferieurAMax (i+1, max)
        total ← total + notes[i]
    Fin pour

    moyenne ← total / nombreNotes
    Afficher("Moyenne : ", moyenne, " (", StatutReussite(seuil, moyenne), ")")
Fin
```

a- Trace de l'algorithme de calcul de la moyenne avec l'usage du tableau

1) Déclaration des constantes et des variables

Espace mémoire	max	seuil	nombreNotes	i	total	moyenne	notes
Valeur stockée	20	12	5				0 1 2 3 4 [ ][ ][ ][ ][ ]

2) Exécution du corps (ligne par ligne)

Afin de simplifier la trace, nous allons attribuer des lettres à chaque ligne :

- A, B, C, D pour l'algorithme principal
- Ajouter comme préfixe la lettre associée de la ligne d'invocation de la fonction/procédure

1 : A- Afficher ("**** Bienvenu(e) dans notre application de calcul de la moyenne ****")

Affichage à l'écran
**** Bienvenu(e) dans notre application de calcul de la moyenne ****

2 : B- total ← 0

On assigne à la variable *total* la valeur **0**.

Espace mémoire	max	seuil	nombreNotes	i	total	moyenne	notes
Valeur stockée	20	12	5		**0**		0 1 2 3 4 [ ][ ][ ][ ][ ]

Remarque : Les commentaires sont ignorés lors de la trace.

3 : C- Pour i allant de 0 à nombreNotes – 1

Traduction : i allant de 0 jusqu'à « nombreNotes – 1 » (5 – 1 = **4**) pas de 1. La valeur finale (4) étant supérieure à la valeur de départ (0), alors la boucle s'exécutera et i prendra successivement les valeurs 0, 1, 2, 3 et 4. L'exécution se poursuit donc dans la boucle Pour avec i ayant la valeur de départ **0**.

Espace mémoire	max	seuil	nombreNotes	i	total	moyenne	notes
Valeur stockée	20	12	5	**0**	**0**		0 1 2 3 4 [ ][ ][ ][ ][ ]

4: D- notes[i] ← SaisieReelInferieurAMax (i+1, max)

L'exécution se poursuit dans la fonction « SaisieReelInferieurAMax » avec pour arguments respectifs : numéro (0 + 1) et max (20). Et la valeur retournée sera plus tard affectée à la variable notes[0] càd, la 1ère cellule du tableau notes.

Appel de la fonction SaisieReelInferieurAMax			
Espace mémoire	nombre	numéro	max
Valeur stockée		**1**	**20**

5 : D.A- Faire

Aucune action, avancée vers la prochaine instruction.

6 : D.B- Afficher ("Veuillez entrer la note n°", numéro, " (nombre réel inférieur à ", max, ") : ")

Affichage à l'écran
Veuillez entrer la note n°1 (nombre réel inférieur à 20) :

7 : D.C- Saisir(nombre)

Supposons que l'utilisateur ait saisi **-1**

Appel de la fonction SaisieReelInferieurAMax			
Espace mémoire	nombre	numéro	max
Valeur stockée	**-1**	1	20

8 : D.D - Si (nombre < 0 ou nombre ≥ max) alors

Application de la comparaison avec la valeur stockée dans les variables nombre (-1) et max (20)

-1 < 0 ou -1 ≥ 20 retourne « vrai », alors l'exécution se poursuit dans le corps de la structure Si

9 : D.E- Afficher ("Désolé, mais la note doit être strictement supérieure à 0 et inférieure ou égale à ", max, ".")

Affichage à l'écran
Désolé, mais la note doit être strictement supérieure à 0 et inférieure ou égale à 20.

10 : D.F - Fin Si

Aucune action, avancée vers la prochaine instruction.

11 : D.G - Tant que (nombre < 0 ou nombre ≥ max)

Application de la comparaison avec la valeur stockée dans les variables nombre (-1) et max (20)

-1 < 0 ou -1 ≥ 20 retourne « vrai » : la condition d'exécution de « Faire...tant que » étant vérifiée (vrai) alors l'exécution se poursuit par une nouvelle itération de la boucle. => Retour à l'instruction D.A.

12 : D.A- Faire

Aucune action, avancée vers la prochaine instruction.

13 : D.B- Afficher ("Veuillez entrer la note n°", numéro, " (nombre réel inférieur à ", max, ") : ")

Affichage à l'écran
Veuillez entrer la note n°1 (nombre réel inférieur à 20) :

14 : D.C- Saisir(nombre)

Supposons que l'utilisateur ait saisi **8**

Appel de la fonction SaisieReelInferieurAMax			
Espace mémoire	nombre	numéro	max
Valeur stockée	8	1	20

15 : D.D - Si (nombre < 0 ou nombre ≥ max) alors

Application de la comparaison avec la valeur stockée dans les variables nombre (8) et max (20)

8 < 0 ou 8 ≥ 20 retourne « faux », alors l'exécution ne se poursuit pas dans le corps de la structure Si.

16 : D.F - Fin Si

Aucune action, avancée vers la prochaine instruction.

17 : D.G - Tant que (nombre < 0 ou nombre ≥ max)

Application de la comparaison avec la valeur stockée dans les variables nombre (8) et max (20)

8< 0 ou 8 ≥ 20 retourne « faux » : la condition d'exécution de « Faire...tant que » n'étant pas vérifiée (faux) alors l'exécution se poursuit à l'instruction après la boucle.

18 : D.H – retourne nombre

La fonction retourne, à l'algorithme d'appel (algorithme principal), la valeur de la variable nombre : « **8** ».

19 : D - notes[i] ← SaisieReelInferieurAMax (i+1, max)

La valeur retournée par la fonction SaisieReelInferieurAMax est affectée à la variable notes[0] càd, la 1ère cellule du tableau notes.

Espace mémoire	max	seuil	nombreNotes	i	total	moyenne	notes
Valeur stockée	20	12	5	0	0		0: 8 / 1: / 2: / 3: / 4:

20 : E - total ← total + notes[i]

On affecte à la variable *total* le résultat de la somme de la valeur actuelle de *total* (0) et de notes[0] (8) : « 0 + 8 = **8** ».

Espace mémoire	max	seuil	nombreNotes	i	total	moyenne	notes				
							0	1	2	3	4
Valeur stockée	20	12	5	0	**8**		8				

21 : C- Pour i allant de 0 à nombreNotes – 1

On somme la valeur courante de i (0) avec le pas d'incrémentation (1) : « 0 + 1 = 1 ».

1 ≤ 4 : « vrai », 1 est inférieur à la valeur finale (4) donc nouvelle itération de la boucle « Pour » où i a la valeur **1**.

Espace mémoire	max	seuil	nombreNotes	i	total	moyenne	notes				
							0	1	2	3	4
Valeur stockée	20	12	5	**1**	8		8				

22: D- notes[i] ← SaisieReelInferieurAMax (i+1, max)

L'exécution se poursuit dans la fonction « SaisieReelInferieurAMax » avec pour arguments respectifs : numéro (1 + 1) et max (20). Et la valeur retournée sera plus tard affectée à la variable notes[1] c.à.d. la 2ème cellule du tableau notes.

Appel de la fonction SaisieReelInferieurAMax			
Espace mémoire	nombre	numéro	max
Valeur stockée		**2**	**20**

23 : D.A- Faire

Aucune action, avancée vers la prochaine instruction.

24 : D.B- Afficher ("Veuillez entrer la note n°", numéro, " (nombre réel inférieur à ", max, ") : ")

Affichage à l'écran
Veuillez entrer la note n°2 (nombre réel inférieur à 20) :

25 : D.C- Saisir(nombre)

Supposons que l'utilisateur ait saisi **13**

Appel de la fonction SaisieReelInferieurAMax			
Espace mémoire	nombre	numéro	max
Valeur stockée	**13**	2	20

26 : D.D - Si (nombre < 0 ou nombre ≥ max) alors

Application de la comparaison avec la valeur stockée dans les variables nombre (13) et max (20)

13 < 0 ou 13 ≥ 20 retourne « faux », alors l'exécution ne se poursuit pas dans le corps de la structure Si.

27 : D.F - Fin Si

Aucune action, avancée vers la prochaine instruction.

28 : D.G - Tant que (nombre < 0 ou nombre ≥ max)

Application de la comparaison avec la valeur stockée dans les variables nombre (13) et max (20)

13< 0 ou 13 ≥ 20 retourne « faux » : la condition d'exécution de « Faire...tant que » n'étant pas vérifiée (faux) alors l'exécution se poursuit à l'instruction après la boucle.

29 : D.H – retourne nombre

La fonction retourne, à l'algorithme d'appel (algorithme principal), la valeur de la variable nombre : « **13** ».

30 : D- notes[i] ← SaisieReelInferieurAMax (i+1, max)

La valeur retournée par la fonction SaisieReelInferieurAMax est affectée à la variable notes[1] c.à.d. la 2ème cellule du tableau notes.

Espace mémoire	max	seuil	nombreNotes	i	total	moyenne	notes				
							0	1	2	3	4
Valeur stockée	20	12	5	1	8		8	**13**			

31 : E - total ← total + notes[i]

On affecte à la variable *total* le résultat de la somme de la valeur actuelle de *total* (8) et de notes[1] (13) : « 8 + 13 = **21** ».

Espace mémoire	max	seuil	nombreNotes	i	total	moyenne	notes				
							0	1	2	3	4
Valeur stockée	20	12	5	1	**21**		8	13			

32 : C- Pour i allant de 0 à nombreNotes – 1

On somme la valeur courante de i (1) avec le pas d'incrémentation (1) : « 1 + 1 = 2 ».

2 ≤ 4 : « vrai », 2 est inférieur à la valeur finale (4) donc nouvelle itération de la boucle « Pour » où i a la valeur **2**.

Espace mémoire	max	seuil	nombreNotes	i	total	moyenne	notes
Valeur stockée	20	12	5	**2**	21		0: 8 / 1: 13 / 2: / 3: / 4:

33: D- notes[i] ← SaisieReelInferieurAMax (i+1, max)

L'exécution se poursuit dans la fonction « SaisieReelInferieurAMax » avec pour arguments respectifs : numéro (2 + 1) et max (20). Et la valeur retournée sera plus tard affectée à la variable notes[2] c.à.d. la 3ème cellule du tableau notes.

Appel de la fonction SaisieReelInferieurAMax			
Espace mémoire	nombre	numéro	max
Valeur stockée		**3**	**20**

34 : D.A- Faire

Aucune action, avancée vers la prochaine instruction.

35 : D.B- Afficher ("Veuillez entrer la note n°", numéro, " (nombre réel inférieur à ", max, ") : ")

Affichage à l'écran
Veuillez entrer la note n°3 (nombre réel inférieur à 20) :

36 : D.C- Saisir(nombre)

Supposons que l'utilisateur ait saisi **9,5**

Appel de la fonction SaisieReelInferieurAMax			
Espace mémoire	nombre	numéro	max
Valeur stockée	**9,5**	3	20

37 : D.D - Si (nombre < 0 ou nombre ≥ max) alors

Application de la comparaison avec la valeur stockée dans les variables nombre (9,5) et max (20) 9,5 < 0 ou 9,5 ≥ 20 retourne « faux », alors l'exécution ne se poursuit pas dans le corps de la structure Si.

38 : D.F - Fin Si

Aucune action, avancée vers la prochaine instruction.

39 : D.G - Tant que (nombre < 0 ou nombre ≥ max)

Application de la comparaison avec la valeur stockée dans les variables nombre (9,5) et max (20) 9,5< 0 ou 9,5 ≥ 20 retourne « faux » : la condition d'exécution de « Faire…tant que » n'étant pas vérifiée (faux) alors l'exécution se poursuit à l'instruction après la boucle.

40 : D.H – retourne nombre

La fonction retourne, à l'algorithme d'appel (algorithme principal), la valeur de la variable nombre : « **9,5** ».

41 : D- notes[i] ← SaisieReelInferieurAMax (i+1, max)

La valeur retournée par la fonction SaisieReelInferieurAMax est affectée à la variable notes[2] c.à.d. la 3ème cellule du tableau notes.

Espace mémoire	max	seuil	nombreNotes	i	total	moyenne	notes
Valeur stockée	20	12	5	2	21		0 | 1 | 2 | 3 | 4 8 | 13 | **9,5** | |

42 : E - total ← total + notes[i]

On affecte à la variable *total* le résultat de la somme de la valeur actuelle de *total* (21) et de notes[2] (9,5) : « 21 + 9,5 = **30,5** ».

Espace mémoire	max	seuil	nombreNotes	i	total	moyenne	notes
Valeur stockée	20	12	5	2	**30,5**		0 | 1 | 2 | 3 | 4 8 | 13 | 9,5 | |

43 : C- Pour i allant de 0 à nombreNotes – 1

On somme la valeur courante de i (2) avec le pas d'incrémentation (1) : « 2 + 1 = 3 ».

3 ≤ 4 : « vrai », 3 est inférieur à la valeur finale (4) donc nouvelle itération de la boucle « Pour » où i a la valeur **3**.

Espace mémoire	max	seuil	nombreNotes	i	total	moyenne	notes
Valeur stockée	20	12	5	**3**	30,5		0 | 1 | 2 | 3 | 4 8 | 13 | 9,5 | |

44: D- notes[i] ← SaisieReelInferieurAMax (i+1, max)

L'exécution se poursuit dans la fonction « SaisieReelInferieurAMax » avec pour arguments respectifs : numéro (3 + 1) et max (20). Et la valeur retournée sera plus tard affectée à la variable notes[3] c.à.d. la 4ème cellule du tableau notes.

Appel de la fonction SaisieReelInferieurAMax			
Espace mémoire	nombre	numéro	max
Valeur stockée		**4**	**20**

45 : D.A- Faire

Aucune action, avancée vers la prochaine instruction.

46 : D.B- Afficher ("Veuillez entrer la note n°", numéro, " (nombre réel inférieur à ", max, ") : ")

Affichage à l'écran
Veuillez entrer la note n°4 (nombre réel inférieur à 20) :

47 : D.C- Saisir(nombre)

Supposons que l'utilisateur ait saisi **11,25**

Appel de la fonction SaisieReelInferieurAMax			
Espace mémoire	nombre	numéro	max
Valeur stockée	**11,25**	4	20

48 : D.D - Si (nombre < 0 ou nombre ≥ max) alors

Application de la comparaison avec la valeur stockée dans les variables nombre (11,25) et max (20) 11,25 < 0 ou 11,25 ≥ 20 retourne « faux », alors l'exécution ne se poursuit pas dans le corps de la structure Si

49 : D.F - Fin Si

Aucune action, avancée vers la prochaine instruction.

50 : D.G - Tant que (nombre < 0 ou nombre ≥ max)

Application de la comparaison avec la valeur stockée dans les variables nombre (11,25) et max (20) 11,25< 0 ou 11,25 ≥ 20 retourne « faux » : la condition d'exécution de « Faire...tant que » n'étant pas vérifiée (faux) alors l'exécution se poursuit à l'instruction après la boucle.

51 : D.H – retourne nombre

La fonction retourne, à l'algorithme d'appel (algorithme principal), la valeur de la variable nombre : « **11,25** ».

52 : D- notes[i] ← SaisieReelInferieurAMax (i+1, max)

La valeur retournée par la fonction « SaisieReelInferieurAMax » est affectée à la variable notes[3] c.à.d. la 4ème cellule du tableau notes.

Espace mémoire	max	seuil	nombreNotes	i	total	moyenne	notes				
Valeur stockée	20	12	5	3	30,5		0	1	2	3	4
							8	13	9,5	**11,25**	

53 : E - total ← total + notes[i]

On affecte à la variable *total* le résultat de la somme de la valeur actuelle de *total* (30,5) et de notes[3] (11,25) : « 30,5 + 11,25 = **41,75** ».

Espace mémoire	max	seuil	nombreNotes	i	total	moyenne	notes				
Valeur stockée	20	12	5	3	**41,75**		0	1	2	3	4
							8	13	9,5	11,25	

54 : C- Pour i allant de 0 à nombreNotes – 1

On somme la valeur courante de i (3) avec le pas d'incrémentation (1) : « 3 + 1 = 4 ».

4 ≤ 4 : « vrai », 4 est égal à la valeur finale (4) donc nouvelle itération de la boucle « Pour » où i a la valeur **4**.

Espace mémoire	max	seuil	nombreNotes	i	total	moyenne	notes				
Valeur stockée	20	12	5	**4**	41,75		0	1	2	3	4
							8	13	9,5	11,25	

55: D- notes[i] ← SaisieReelInferieurAMax (i+1, max)

L'exécution se poursuit dans la fonction « SaisieReelInferieurAMax » avec pour arguments respectifs : numéro (4 + 1) et max (20). Et la valeur retournée sera plus tard affectée à la variable notes[4] c.à.d. la 5ème cellule du tableau notes.

Appel de la fonction SaisieReelInferieurAMax			
Espace mémoire	nombre	numéro	max
Valeur stockée		**5**	**20**

56 : D.A- Faire

Aucune action, avancée vers la prochaine instruction.

57 : D.B- Afficher ("Veuillez entrer la note n°", numéro, " (nombre réel inférieur à ", max, ") : ")

Affichage à l'écran
Veuillez entrer la note n°5 (nombre réel inférieur à 20) :

58 : D.C- Saisir(nombre)

Supposons que l'utilisateur ait saisi **-2,75**

Appel de la fonction SaisieReelInferieurAMax			
Espace mémoire	nombre	numéro	max
Valeur stockée	**-2,75**	4	20

59 : D.D - Si (nombre < 0 ou nombre ≥ max) alors

Application de la comparaison avec la valeur stockée dans les variables nombre (-1) et max (20)

-2,75 < 0 ou -2,75 ≥ 20 retourne « vrai », alors l'exécution se poursuit dans le corps de la structure Si

60 : D.E- Afficher ("Désolé, mais la note doit être strictement supérieure à 0 et inférieure ou égale à ", max, ".")

Affichage à l'écran
Désolé, mais la note doit être strictement supérieure à 0 et inférieure ou égale à 20.

61 : D.F - Fin Si

Aucune action, avancée vers la prochaine instruction.

62 : D.G - Tant que (nombre < 0 ou nombre ≥ max)

Application de la comparaison avec la valeur stockée dans les variables nombre (-2,75) et max (20)

-2,75 < 0 ou -2,75 ≥ 20 retourne « vrai » : la condition d'exécution de « Faire...tant que » étant vérifiée (vrai) alors l'exécution se poursuit par une nouvelle itération de la boucle. => Retour à l'instruction D.A.

63 : D.A- Faire

Aucune action, avancée vers la prochaine instruction.

64 : D.B- Afficher ("Veuillez entrer la note n°", numéro, " (nombre réel inférieur à ", max, ") : ")

Affichage à l'écran
Veuillez entrer la note n°5 (nombre réel inférieur à 20) :

65 : D.C- Saisir(nombre)

Supposons que l'utilisateur ait saisi **19,75**

Appel de la fonction SaisieReelInferieurAMax			
Espace mémoire	nombre	numéro	max
Valeur stockée	**19,75**	1	20

66 : D.D - Si (nombre < 0 ou nombre ≥ max) alors

Application de la comparaison avec la valeur stockée dans les variables nombre (19,75) et max (20) 19,75 < 0 ou 19,75 ≥ 20 retourne « faux », alors l'exécution ne se poursuit pas dans le corps de la structure Si

67 : D.F - Fin Si

Aucune action, avancée vers la prochaine instruction.

68 : D.G - Tant que (nombre < 0 ou nombre ≥ max)

Application de la comparaison avec la valeur stockée dans les variables nombre (19,75) et max (20) 19,75< 0 ou 19,75 ≥ 20 retourne « faux » : la condition d'exécution de « Faire...tant que » n'étant pas vérifiée (faux) alors l'exécution se poursuit à l'instruction après la boucle.

69 : D.H – retourne nombre

La fonction retourne, à l'algorithme d'appel (algorithme principal), la valeur de la variable nombre : « **19,75** ».

70 : D- notes[i] ← SaisieReelInferieurAMax (i+1, max)

La valeur retournée par la fonction « SaisieReelInferieurAMax » est affectée à la variable notes[4] c.à.d. la 5ème cellule du tableau notes.

Espace mémoire	max	seuil	nombreNotes	i	total	moyenne	notes
Valeur stockée	20	12	5	4	41,75		0: 8 ; 1: 13 ; 2: 9,5 ; 3: 11,25 ; 4: **19,75**

71 : E - total ← total + notes[i]

On affecte à la variable *total* le résultat de la somme de la valeur actuelle de *total* (41,75) et de notes[4] (19,75) : « 41,75 + 19,75 = **61,5** ».

Espace mémoire	max	seuil	nombreNotes	i	total	moyenne	notes
Valeur stockée	20	12	5	4	**61,5**		0: 8 ; 1: 13 ; 2: 9,5 ; 3: 11,25 ; 4: 19,75

72 : C- Pour i allant de 0 à nombreNotes – 1

On somme la valeur courante de i (4) avec le pas d'incrémentation (1) : « 4 + 1 = 5 ».

5 ≤ 4 : « faux », 5 n'est pas inférieur ou égal à la valeur finale (4) donc pas de nouvelle itération de la boucle « Pour ».

73 : F- Fin Pour

Aucune action, avancée vers la prochaine instruction.

74 : G- moyenne ← total / nombreNotes

On affecte à la variable *moyenne* le résultat de la division de la valeur actuelle de *total* (61,5) par la valeur actuelle de nombreNotes (5) : « 61,5 ÷5 = **12,3** ».

Espace mémoire	max	seuil	nombreNotes	i	total	moyenne	notes
Valeur stockée	20	12	5	4	61,5	**12,3**	0: 8 ; 1: 13 ; 2: 9,5 ; 3: 11,25 ; 4: 19,75

75 : H- Afficher("Moyenne : ", moyenne, " (", StatutReussite(seuil, moyenne), ")")

L'exécution se poursuit dans la fonction « StatutReussite » avec pour arguments respectifs : limite (12) et note (12,3). Et la valeur retournée sera plus tard concatenée à la chaîne de caractères inscrite dans la fonction « **Afficher()** ».

Appel de la fonction StatutReussite		
Espace mémoire	limite	note
Valeur stockée	**12**	**12,3**

76 : H.A - Si note >= limite alors

Application de la comparaison avec la valeur stockée dans les variables note (12,3) et limite (12)

12,3 ≥ 12 retourne « vrai », alors l'exécution se poursuit dans le corps de la structure Si

77 : H.B - retourne "ADMIS(E)"

La fonction retourne, à l'algorithme d'appel (algorithme principal), la chaîne de caractères : « **ADMIS(E)** ».

78 : H- Afficher("Moyenne : ", moyenne, " (", StatutReussite(seuil, moyenne), ")")

La valeur retournée par la fonction « **StatutReussite()** » est concatenée au reste de la chaîne définie comme paramètre de la fonction « **Afficher()** ». Et le tout est affiché à l'écran :

Affichage à l'écran
Moyenne : 12,3 (ADMIS(E))

79 : Fin du programme

Conclusion : Après vérification, le comportement de l'algorithme correspond à celui souhaité. Cette trace nous permet donc de confirmer le bon fonctionnement de l'algorithme. Si un comportement inapproprié avait été observé alors nous aurions été dans l'obligation d'analyser de nouveau le problème soulevé, la solution et les outils choisis, afin d'appliquer les corrections nécessaires.

3) Aperçu complet de l'écran

Référence	Affichage complet à l'écran
1 : A	**** Bienvenu(e) dans notre application de calcul de la moyenne ****
6 : D.B	Veuillez entrer la note n°1 (nombre réel inférieur à 20) :
7 : D.C	**-1**
9 : D.E	Désolé, mais la note doit être strictement supérieure à 0 et inférieure ou égale à 20.
13 : D.B	Veuillez entrer la note n°1 (nombre réel inférieur à 20) :
14 : D.C	**8**
24 : D.B	Veuillez entrer la note n°2 (nombre réel inférieur à 20) :
25 : D.C	**13**
35 : D.B	Veuillez entrer la note n°3 (nombre réel inférieur à 20) :
36 : D.C	**9,5**
46 : D.B	Veuillez entrer la note n°4 (nombre réel inférieur à 20) :
47 : D.C	**11,25**
57 : D.B	Veuillez entrer la note n°5 (nombre réel inférieur à 20) :
58 : D.C	**-2,75**
60 : D.E	Désolé, mais la note doit être strictement supérieure à 0 et inférieure ou égale à 20.
64 : D.B	Veuillez entrer la note n°5 (nombre réel inférieur à 20) :
65 : D.C	**19,75**
78 : H	Moyenne : 12,3 (ADMIS(E))

NB : Les références en **gras** et les éléments en **surbrillance** désignent les saisies de l'utilisateur (fonction de lecture) qui se distinguent des autres éléments qui sont automatiquement affichés par le programme via la fonction d'écriture.

Ce chapitre expose des éléments supplémentaires à compter dans notre liste d'outils servant dans la rédaction d'un algorithme : il s'agit notamment des fonctions et des tableaux. Plusieurs exemples illustrent des cas d'utilisation de ces derniers. Ce document propose bien une méthodologie de rédaction d'un algorithme tout en dévoilant des outils nécessaires à cela avec des explications sur la raison de leur usage et parfois leur spécificité.

Conclusion

Nous espérons qu'au terme de la lecture de ce document, votre compréhension sur l'écriture et la lecture des algorithmes est à un niveau suffisant pour vous simplifier la prise en main d'un nouveau langage ou technologie. En effet, il est question pour nous de vous proposer une approche de résolution d'un problème dans le cadre de la programmation en général et une méthodologie de rédaction d'un algorithme en particulier.

Comme décrit dans la section « **Processus de rédaction d'un algorithme** », la démarche proposée comporte quatre (04) étapes :

1. **Comprendre le problème** : il est question de pouvoir tout d'abord formuler clairement le problème et donc de comprendre ce que le programme (algorithme) à concevoir doit permettre de réaliser. En effet, tout algorithme a un objectif clair et il est primordial que vous sachiez exactement ce que c'est. Il n'est pas exclu que vous essayiez de remonter jusqu'à l'origine du problème, cela ne pourra que vous aider à mettre sur pied une solution de qualité.
2. **Résoudre le problème soulevé** : à ce stade, vous devez pouvoir apporter une réponse claire et précise à la problématique soulevée par le programme à élaborer ; au besoin, subdiviser le problème en plusieurs petits éléments plus faciles à cerner et donc à résoudre. C'est également à ce niveau que vous pouvez prendre en compte des éléments de performance afin d'avoir une solution beaucoup plus optimale.
3. **Transcrire la résolution du problème en algorithme** : une fois le problème clairement cerné et une réponse définie, il est question de pouvoir mettre ladite solution sur pieds en se servant des outils disponibles dans le langage algorithmique et plus tard dans le langage de programmation en vigueur. En effet, comme évoqué dans le chapitre 2, un programme est généralement propre à un « **métier** » et vous vous devez de posséder des notions dans ledit métier afin de proposer une solution adaptée. Et par la suite, vous devez avoir l'aptitude de produire un algorithme reflétant la solution.
4. **Réaliser la trace de l'algorithme** : après la rédaction d'une première version de votre algorithme, vous vous devez de le tester afin de vous rassurez qu'il agît exactement comme vous le souhaitez. En effet, il n'est pas exclu que vous ayez omis un élément dans votre analyse ou tout simplement que vous ayez fait une confusion (par exemple entre utiliser l'opérateur ***ou*** au lieu de ***et***). Quel que soit le scénario, tracer votre algorithme vous permet

notamment de simuler son exécution par une machine et ainsi de valider votre solution. Et c'est parfois à ce niveau que vous vient des idées d'optimisation qui vous aurait échappées à l'étape 2.

Une fois de plus, il faut rappeler que ce document ne comporte pas tous les éléments, concepts et/ou outils entrant dans la rédaction d'un algorithme. Il est surtout question de vous proposer une démarche claire afin de vous aider dans la rédaction d'algorithme en particulier et dans la rédaction de vos programmes en général. Pointeurs, structures de données, arbres, liste chaînées, complexité, pour ne citer que ceux-ci, sont autant de concepts qui n'ont pas été développés dans cet ouvrage. Et selon, la problématique à laquelle vous faites face, l'un de ces outils pourrait être la clé qui vous aidera dans la rédaction de votre programme. Il est donc important d'élargir ses bases de connaissances sur l'ensemble des outils disponibles.

Références

[1] Wikimedia Foundation, «Algorithme — Wikipédia,» Wikimedia Foundation, 12 Avril 2023. [En ligne]. Available: https://fr.wikipedia.org/wiki/Algorithme. [Accès le 01 Mai 2023].

[2] Wikimedia Foundation, «Organigramme de programmation — Wikipédia,» 01 Mai 2023. [En ligne]. Available: https://fr.wikipedia.org/wiki/Organigramme_de_programmation. [Accès le 01 Mai 2023].

[3] Dr Mohamed CHINY, «Les opérateurs en algorithmique,» 14 Novembre 2018. [En ligne]. Available: https://www.chiny.me/les-operateurs-en-algorithmique-17-3.php. [Accès le 03 Mai 2023].

[4] P. Brachet, «Algobox : algorithmique et programmation au lycée et au collège,» 2009. [En ligne]. Available: https://www.xm1math.net/algobox/. [Accès le 01 Mai 2023].

[5] Wikimedia Foundation, «Factorielle — Wikipédia,» Wikimedia Foundation, 22 Février 2023. [En ligne]. Available: https://fr.wikipedia.org/wiki/Factorielle. [Accès le 05 Mai 2023].

[6] Dr Mohamed CHINY, «Les tableaux,» 10 Décembre 2018. [En ligne]. Available: https://www.chiny.me/les-tableaux-17-11.php. [Accès le 05 Mai 2023].

[7] Wikimedia Foundation, «Tableau (structure de données) — Wikipédia,» Wikimedia Foundation, 25 Avril 2020. [En ligne]. Available: https://fr.wikipedia.org/wiki/Tableau_(structure_de_donn%C3%A9es). [Accès le 05 Mai 2023].

www.ingramcontent.com/pod-product-compliance
Lightning Source LLC
LaVergne TN
LVHW082233051026
849532LV00012B/3968
* 9 7 8 2 9 8 2 3 8 7 4 2 3 *